首都圏版⑨　最新入試に対応！家庭学習に最適の問題集!!

青山学院初等部

2024年度版 過去問題集

合格までのステップ

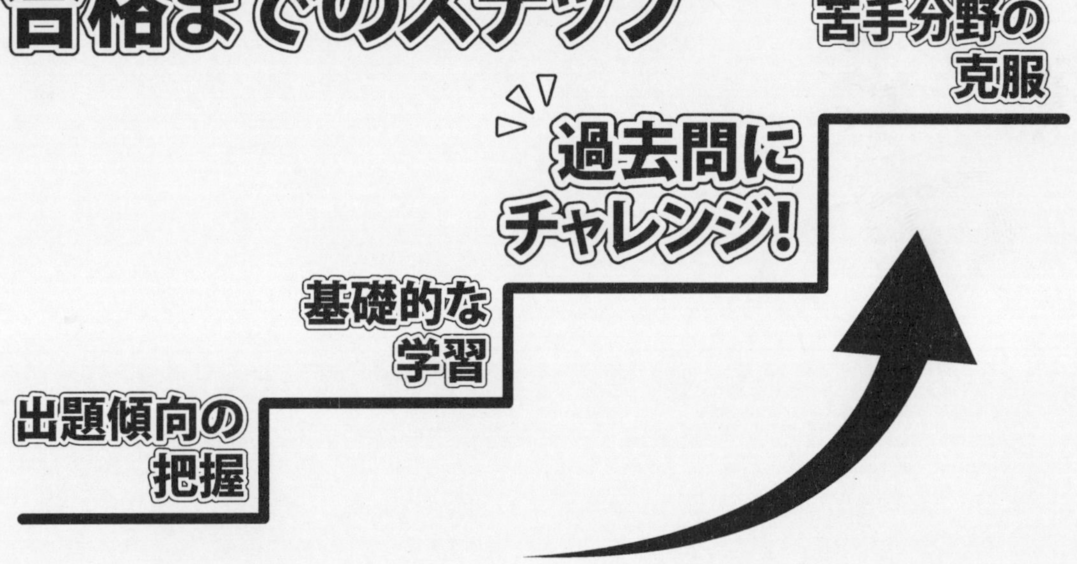

2021～2023年度 過去問題を掲載

日本学習図書（ニチガク）

ニチガク式学習支援!!

日本学習図書（ニチガク）

ニチガクの家庭学習支援

Web学習サポートサービス

こんなこと…ありませんか？

「ニチガクの問題集…買ったはいいけど、、、
この問題の教え方がわからない（汗）」

メールでお悩み解決します！

☆ ホームページ内の専用フォームで必要事項を入力！

☆ 教え方に困っているニチガクの問題を教えてください！

☆ 確認終了後、具体的な指導方法をメールでご返信！

☆ 全国どこでも！スマホでも！ぜひご活用ください！

<質問回答例>

学習のポイント

推理分野の学習では、後の学習に活きる思考力を養うことができます。ご家庭で指導する場合にも、テクニックにたよらず、保護者の方が先に基本的な考え方を理解した上で、お子さまによく考えさせることを大切にして指導してください。

Q.「お子さまによく考えさせることを大切にして指導してください」と学習のポイントにありますが、考える習慣をつけさせるためには、具体的にどのようにしたらいいですか？

A. お子さまが考える時間を持てるように、質問の仕方と、タイミングに工夫をしてみてください。
たとえば、「答えはあっているけど、どうやってその答えを見つけたの」「答えは○○なんだけど、どうしてだと思う？」という感じです。はじめのうちは、「必ず30秒考えてから手を動かす」などのルールを決める方法もおすすめです。

まずは、ホームページへアクセスしてください!!

http://www.nichigaku.jp　日本学習図書　検索

目指せ！合格！

家庭学習ガイド
青山学院初等部

口頭試問　制作　行動観察　運動　保護者面接

入試情報

募集人数：男子44名、女子44名（内部進学者を除く）
応募者数：男子307名　女子322名
出題形式：ノンペーパー
面　　接：保護者（原則両親）
出題領域：口頭試問（記憶、図形、推理、常識）、制作、行動観察、運動

入試対策

2023年度の入学試験は、適性検査Ａ、適性検査Ｂ、保護者面接の３項目で行われました。適性検査Ａは、１グループ約10名でいくつかの部屋を周りながら、口頭試問形式で試験が実施されました。内容は、記憶、図形、推理、常識などです。適性検査Ｂは、１グループ約25名で実施されました。内容は、絵本の読み聞かせ、発表、制作、運動などです。所要時間は適性検査Ａが約１時間、適性検査Ｂが約３時間です。体育館や教室など場所を変えながら、長時間の試験を実施するのは、学力以外に、時間の経過とともに表れるお子さまの「素の姿」を観ようということでしょう。保護者面接は、事前に提出した面接資料を元に行われます。自己紹介、ご家庭の教育について、お子さまについて、宗教に対する考え方についてなどが質問されます。所要時間は約10分です。

●適性検査Ａ、適性検査Ｂともに、お子さま自身の言葉で説明する力が求められます。普段から、自分の考えを人に伝える機会を多く設けましょう。また、集団での受験となるため、周りに気を取られず、試験に集中して臨むことが重要です。

●運動では、特に難しい課題はありません。年齢相応の運動能力を見せ、指示に従って行動ができるようにしましょう。集団で取り組む課題のため、お友だちとコミュニケーションをとることや、協力することも意識しましょう。

●どの課題も「自分で考える」ことがポイントになっているため、知識に頼る詰め込み型の学習だけでは対応できません。答えを出すまでの過程を重視し、論理的に考える力を養っていきましょう。

「青山学院初等部」について

〈合格のためのアドバイス〉

当校が望む子ども像は、経験に基づいた生活力・諦めない気持ち・粘り強さ・活力がある子どもです。これを踏まえ、試験全体を通し、積極性や、創意工夫をする様子を見せることは、決して無駄ではありません。

適性検査Ａは、記憶、図形、推理、常識などの基本的な設問が出題されました。「お話の記憶」では、登場人物の感情を想像したり、お話の季節の推測、絵の間違い探しなどが出題されました。それらからは年齢なりのコミュニケーション力や常識、想像力、好奇心などを観られています。文章は長いものではありませんが、記憶するものが複雑に絡み合っているため、集中力をしっかりとつけておくことが必要です。

適性検査Ｂでは、入学後の生活を見据えた観点から、集団で取り組む課題が出題されます。各課題において「×がついた子どもを落とす」のではなく、「○がたくさんついた子どもを選んでいく」という評価を行っているので積極的な行動をとるべきでしょう。運動や制作の課題では、高い運動能力や完成度の高い作品を求めてはいません。指示を理解する力、年齢相応の基本的な能力、コミュニケーション力、協調性などが評価されます。当校は、すべての試験が集団で実施されます。日頃から、知らないお友だちや異年齢のお友だちと関わり、人との付き合い方を学んでおくようにしましょう。保護者の方は、お子さまの知識を蓄積することだけではなく、豊かな感情を伸ばすような環境作りにも取り組み、お子さまの自主性を育ててあげてください。

〈2023年度選考〉

◆アンケート（願書提出時）

◆保護者面接（約10分）
　※願書提出時に面接資料を提出。

〈適正検査Ａ〉
◆口頭試問

〈適正検査Ｂ〉
◆行動観察
◆制作
◆運動

◇過去の応募状況

2023年度	男子307名	女子322名
2022年度	男子251名	女子273名
2021年度	男子248名	女子271名

入試のチェックポイント

◇受験番号は……「生年月日順」
◇男女の別は……「男女別で実施」
◇生まれ月の考慮……「あり」

〈本書掲載分以外の過去問題〉

◆巧緻性：トートバッグにレジャーシートやお弁当などを詰める。［2020年度］
◆言　語：真ん中が「ん」の３音の言葉を思いつくだけ言う。［2020年度］
◆図　形：点線に沿って立体を切ったときの切り口の形を答える。［2020年度］
◆常　識：鳥類の中で仲間外れの鳥を選ぶ。［2020年度］
◆運　動：リレー、宇宙人鬼ごっこ［2020年度］

青山学院初等部
過去問題集

〈はじめに〉

現在、少子化が叫ばれているにもかかわらず、私立・国立小学校の入学試験には一定の応募者があります。入試は、ただやみくもに学習するだけでは成果を得ることはできません。志望校の過去における出題傾向を研究・把握した上で、練習を進めていくこと、試験までに志願者の不得意分野を克服していくことが必須条件です。そこで、本問題集は小学校を受験される方々に、志望校の出題傾向をより詳しく知って頂くために、出題頻度の高い問題を結集いたしました。最新のデータを含む精選された過去問題集で実力をお付けください。

また、志望校の選択には弊社発行の**「2024年度版　首都圏・東日本　国立・私立小学校　進学のてびき」**をぜひ参考になさってください。

〈本書ご使用方法〉

◆出題者は出題前に一度問題を通読し、出題内容などを把握した上で、**〈 準 備 〉**の欄に表記してあるものを用意してから始めてください。
◆お子さまに絵の頁を渡し、出題者が問題文を読む形式で出題してください。問題を読んだ後で、絵の頁を渡す問題もありますのでご注意ください。
◆**「分野」**は、問題の分野を表しています。弊社の問題集の分野に対応していますので、復習の際の目安にお役立てください。
◆一部の描画や工作、常識等の問題については、解答が省略されているものがあります。お子さまの答えが成り立つか、出題者が各自でご判断ください。
◆**〈 時 間 〉**につきましては、目安とお考えください。
◆本文右端の**［〇年度］**は、問題の出題年度です。**［2023年度］**は、「2022年の秋に行われた2023年度入学志望者向けの考査で出題された問題」になります。
◆**学習のポイント**は、指導の際にご参考にしてください。
◆**【おすすめ問題集】**は各問題の基礎力養成や実力アップにご使用ください。

〈本書ご使用にあたっての注意点〉

◆文中に**この問題の絵は縦に使用してください。**と記載してある問題の絵は縦にしてお使いください。
◆**〈 準 備 〉**の欄で、クレヨン・クーピーペンと表記してある場合は12色程度のものを、画用紙と表記してある場合は白い画用紙をご用意ください。
◆文中に**この問題の絵はありません。**と記載してある問題には絵の頁がありませんので、ご注意ください。なお、問題の絵の右上にある番号が連番でなくても、中央下の頁番号が連番の場合は落丁ではありません。
下記一覧表の●が付いている問題は絵がありません。

問題1	問題2	問題3	問題4	問題5	問題6	問題7	問題8	問題9	問題10
							●	●	●
問題11	問題12	問題13	問題14	問題15	問題16	問題17	問題18	問題19	問題20
●	●								
問題21	問題22	問題23	問題24	問題25	問題26	問題27	問題28	問題29	問題30
			●	●	●	●			
問題31	問題32	問題33	問題34	問題35	問題36	問題37	問題38		
				●	●	●	●		

㊕ 先輩ママたちの声！

◆実際に受験をされた方からのアドバイスです。
ぜひ参考にしてください。

青山学院初等部

・面接では、主に面接資料に書いたことに関して質問されました。和やかな雰囲気ではありましたが、先生方との距離が近く緊張しました。面接時間は10分程度だったので、あっという間に終わったという印象です。しっかりとまとめて話をすることが大切だと思います。

・学校についてどれだけ理解をしているのかを観ているので、学校説明会に参加して感じたことを、面接資料や願書に記入するとよいと思います。面接では必ずそこからの質問があります。

・適正Ｂ（行動観察）は、子どもにとって楽しいテストのようですが、ふざけてしまう子も多かったようです。

・考査終了後、息子は「楽しかったよ」と戻ってきました。楽しく周りのお友だちを関わることが大切なのかもしれません。

◎学習効果を上げるため、前掲の「家庭学習ガイド」及び「合格のためのアドバイス」をお読みになり、各校が実施する入試の出題傾向を、よく把握した上で問題に取り組んでください。
※冒頭の「本書のご使用方法」「ご使用にあたっての注意点」も併せてご覧ください。

2023年度の最新入試問題

問題１　分野：記憶（お話の記憶）／口頭試問

〈準 備〉　鉛筆

〈問 題〉　お話を聞いて、後の質問に答えてください。

ゆきさんは、お父さん、お母さん、お姉さんの４人家族です。ゆきさんは明日が誕生日で４歳になります。ゆきさんはお友だちの家に遊びに出かけました。ゆきさんが出かけている間にお父さん、お母さん、お姉さんは誕生日のプレゼントを買いに出かけました。外は桜が満開です。お父さんは椅子を買いました。ゆきさんは大きくなってきたので、今まで使っていた椅子を変えてやろうと思っていました。お母さんはケーキを買いました。お姉さんは花を買う役目です。どんな花がよいのか迷いました。そこでお父さんの好きな花を聞くと「ユリが好きだな」と言い、お母さんに聞くと「私はコスモスが好き」と答えました。お姉さんは「私はひまわりが好きなんだけどなー」と迷っています。でもゆきさんはピンク色が好きなことを考えて、ピンクのカーネーションの花束にしました。お家に帰ったら、まだ、ゆきさんが帰っていませんでした。明日の誕生祝のときにゆきさんがどんな顔をするのか想像しながら、見つからないようにプレゼントを隠しました。

（問題１の絵を渡す）
①それぞれが買ったプレゼントを線で結んでください。
②買い物をした順番になっている絵に○をつけてください。
③お父さん、お母さん、お姉さんが好きな花を線で結んでください。
④ゆきさんはいくつの誕生日を迎えますか。その数だけ○を書いてください。
⑤ゆきさんの生まれた季節と同じものに○をつけてください。

〈時 間〉　各15秒

〈解 答〉　①父－椅子、母－ケーキ、姉－花　②真ん中　③父－ユリ、母－コスモス、姉－ヒマワリ　④○：4つ　⑤アヤメ

学習のポイント

お話を記憶することはもちろん、お話の内容から派生した知識が必要になります。設問③では、人物とそれぞれの好きな花を線で結びますが、その花の名前とその実物が結びつかなければ答えることができません。設問⑤では、ゆきさんの生まれた季節に咲く花を選びます。問題文に「桜が満開です」とあるため、ゆきさんの誕生日は春とわかります。桜の他に春に咲く花はアヤメです。このように、当校のお話の記憶の問題では、記憶力、集中力、そして、一般常識的な知識が求められます。対策としては、普段からの読み聞かせ、図鑑を読むこと、外に出て自然を観察することなどがあります。季節の植物や、行事、旬の食材など、身の回りにあるものから一般常識を養いましょう。

【おすすめ問題集】
１話５分の読み聞かせお話集①・②、お話の記憶問題集 初級編・中級編
Ｊｒ・ウォッチャー12「日常生活」、19「お話の記憶」、20「見る記憶・聴く記憶」

問題２　分野：記憶（お話の記憶）／口頭試問

〈準備〉　鉛筆

〈問題〉　今日は、朝からお母さんとこうたくんは掃除をしていました。お家の掃除が終わったら、庭の掃除もする約束をしています。お家の中の掃除が終わるころ、玄関のチャイムが鳴って、宅急便のお兄さんがバイクで荷物の配達に来てくれました。荷物は田舎に住んでいるおばあちゃんからの物でした。昨日、畑でとれたと思われるトマトやナス、キュウリが、青いビニール袋に入っていました。別の袋にはお父さんの大好きなトウモロコシ、それに箱の下の方にはジャガイモや玉ねぎ、にんじんが入っていました。これは全部おばあちゃんが作ったものです。手紙も入っていました。「また遊びにおいで。好きなコロッケやお稲荷さんを作るよ。待っているからね」と書いてありました。手紙を見たこうたくんは、電車に乗っておばあちゃんの家に行く想像をしていると、胸がわくわくしてきました。お母さんが「今夜は、おばあちゃんからいただいたもので、カレーライスにしましょうね」と言いました。それからこうたくんは今夜のご飯を楽しみにしながら、庭の掃除もしっかりやり終えました。

（問題２の絵を渡す）
①宅急便のお兄さんが乗ってきた乗り物は何でしょうか。○をつけてください。
②青いビニール袋に入っていた野菜は何でしょうか。○をつけてください。
③このお話の季節はいつでしょうか。同じ季節の物に○をつけてください。
④送られてきたものは何種類ありましたか。その数だけ○を書いてください。
⑤こうたくんはどんなお手伝いをしましたか。○をつけてください。

〈時間〉　各15秒

〈解答〉　①バイク　②ナス・トマト・キュウリ　③海水浴　④○：7つ
⑤掃除

学習のポイント

お話の記憶を解く力は、普段からの読み聞かせの量が比例します。お子さまはしっかりと記憶できていたでしょうか。設問③では記憶力だけでなく、お話の内容から派生した知識が必要になります。本問では、季節を判断できるものとして、トマト、ナス、キュウリなどの夏野菜が登場しています。設問④では送られてきたものの数を質問しています。情報が多いため、記憶があやふやだと、この時点で混乱してしまうと思います。保護者の方は、お子さまが解答しているときの様子を観察し、しっかりと記憶できていたかをチェックしてください。チェックしたことは、保護者の方の胸の内にしまい、今後の対策に生かしてください。また、お話の記憶は自分が体験したことや、知っている内容などの場合、記憶しやすいと言われてますが、コロナ禍の生活を強いられたお子さまは、生活体験量が多くありません。ですから、普段の生活でコミュニケーションをとり、読み聞かせや、図鑑などを読むことで、記憶力と常識をしっかりと身につけるようにしましょう。

【おすすめ問題集】
１話５分の読み聞かせお話集①・②、お話の記憶問題集 初級編・中級編
Ｊｒ・ウォッチャー19「お話の記憶」、20「見る記憶・聴く記憶」

問題3　分野：言語（言葉の音・しりとり）／口頭試問

〈準備〉　鉛筆

〈問題〉　①言葉の最後の音が「ん」で終わるものに○をつけてください。
②言葉のどこかに詰まる音が入っているものに○をつけてください。
③しりとりをしてつながらないものに○をつけてください。
④しりとりをしてつながらないものに○をつけてください。

〈時間〉　各30秒

〈解答〉　①ズボン、ダイコン　②スリッパ、チューリップ　③ツル　④キノコ

学習のポイント

描かれてある絵の名前は、すべて知っているものでしたか。もし、本問に出てくる絵がわからないようであれば、語彙が不足していると言わざるを得ません。言語分野の学習は、机の上でなくても、問題集がなくてもできるものです。語彙数は、日頃の生活体験が大きく関わってきます。本問と同じく、しりとりをしたり、図鑑を読んだり、絵本の読み聞かせをすることなどが、語彙を増やし、名前と物が一致する有効な方法です。語彙は、馴染みのない難しいものを教えるのではなく、あくまでも日常生活で自然と習得できるものを学習していきましょう。小学校入試では、生活体験が重要になります。日常生活の中にたくさんある学びの機会を逃さないようにしてください。

【おすすめ問題集】
Ｊｒ・ウォッチャー17「言葉遊び」、18「いろいろな言葉」、49「しりとり」、60「言葉の音（おん）」

問題4　分野：図形（点結び）／口頭試問

〈準 備〉　鉛筆

〈問 題〉　左に書いてある形と同じになるように点と点を結んで書いてください。

〈時 間〉　１分

〈解 答〉　省略

学習のポイント

点図形は、運筆の基礎です。難しいものでなくてもよいので、毎日続けることをおすすめいたします。点から点へまっすぐな線を書く、間違えないように慎重に線を引く、曲線はゆるやかに書く、など、普段から取り組む姿勢を意識することが大切です。回転や反転などをした複雑な点図形ではないので、姿勢を正し、慎重に取り組んでいきましょう。鉛筆の持ち方も関係してきますし、左から右、もしくは上から下へ書き進めるのが基本ですが、左利きのお子さまは、右側から書き始め、書いた線がきちんと見えるように進めていくとよいでしょう。点図形は、線の書き間違えが多くなるほど、訂正の印が増え、正しい線がどれなのか、本人も採点者もわかりにくくなってしまうものなので、ここは慎重に座標を見極め、一度でしっかりと模写ができるように練習をしていきましょう。

【おすすめ問題集】
Ｊｒ・ウォッチャー1「点・線図形」、2「座標」、51「運筆①」、52「運筆②」

問題5　分野：常識（仲間）／口頭試問

〈準 備〉　鉛筆

〈問 題〉　①～③それぞれの段で仲間でないものに○をつけてください。
④足の数が同じものを線で結んでください。
⑤上の4つを見てください。下に描いてある仲間と同じものに同じ印を右下の四角に書いてください。

〈時 間〉　①～③各5秒、④10秒、⑤30秒

〈解 答〉　下図参照

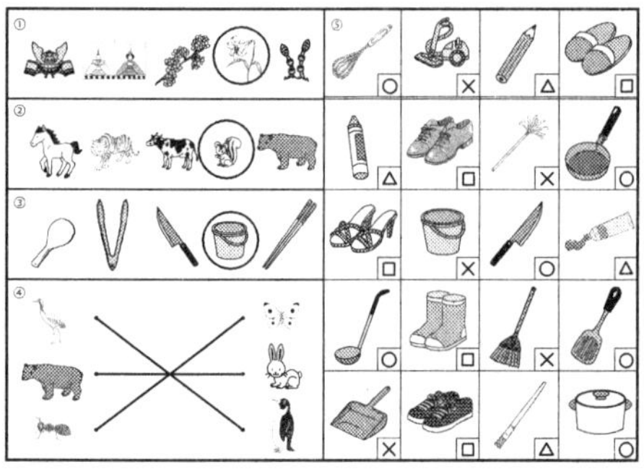

学習のポイント

解答時間が短いため、情報の分析と、正解の判断を、素早く行えるようにしましょう。分析力と判断力は、知識の量に比例します。①では、季節の植物や行事が並んでいます。ほとんどが春に関係するものですが、ユリだけは夏の花で、仲間外れだと判断できます。②は、助数詞の違いに気付くかです。基本的に、人より大きい動物は「頭」、小さい動物は「匹」をつけて数えます。⑤は絵と記号を置き換える問題です。まず、どのグループがどの記号に対応しているかを把握しましょう。解答方法ですが、「料理道具に○を書く、文房具に△を書く、履物に口を書く…」というふうに、記号ごとでまとめて書き込む方法をおすすめいたします。絵の並びごとに「△、口、×、○…」と書いていくことは、頭の中で絵と記号を頻繁に対応させなくてはいけなくなり、混乱する可能性があるからです。書く記号が一定ではないため、解答が雑になりやすく、書き間違えも起こり得ます。解答時間が短いため、解答の正確さと、スピードを意識して取り組むようにしましょう。

【おすすめ問題集】
Ｊｒ・ウォッチャー12「日常生活」、34「季節」、57「置き換え」

問題6　分野：図形（同図形探し）／口頭試問

〈準備〉　鉛筆

〈問題〉　上の形を作るのに使わない形に○をつけてください。

〈時間〉　各15秒

〈解答〉　①三角形　②正方形

学習のポイント

時間内に使わない形を見つけられなかった場合は、使っている形を１つひとつ印をつけて消していき、残った形とお手本の絵を比較して、本当に使われていない形かどうかを確認しましょう。この方法で使わない形を見つけられるようになったら、解答時間を意識して取り組みましょう。バラバラになった形を１つひとつチェックする方法は、どうしても時間がかかります。問題全体を一目見て、不要な形の見当をつけるためには、形と形を比較するスピードを上げる必要があります。これは、普段から図形に見慣れていることがポイントになります。例えば、神経衰弱の要領で、異なる図形を２枚ずつ作って並べ、制限時間内にペアを探す遊びをしてみるのはいかがでしょうか。図形が多いほど難易度が上がりますが、部分ではなく、全体を見る練習になり、同図形探しの対策になります。

【おすすめ問題集】
Ｊｒ・ウォッチャー４「同図形探し」

問題7　分野：記憶（見る記憶）／口頭試問

〈準備〉　鉛筆

〈問題〉　①この形をよく覚えてください。
（問題７-1の絵を30秒間見せる）
（問題７-1の絵を伏せる。問題７-2の絵を渡す）
では、ここに先ほど見たように同じ場所に同じ形を書いてください。
②絵を見て、よく覚えてください。
（問題７－３の絵を30秒間見せる）
（問題７－３の絵を伏せる。問題７-4の絵を渡す）
・１番上を見てください。今見た絵に描いてあったものに○をつけてください。
・真ん中を見てください。今見た絵に人は何人いましたか。その数だけ○を書いてください。
・１番下を見てください。今見た絵に描いてあったものに○をつけてください。

〈時間〉　２分

〈解答〉　①省略　②下図参照

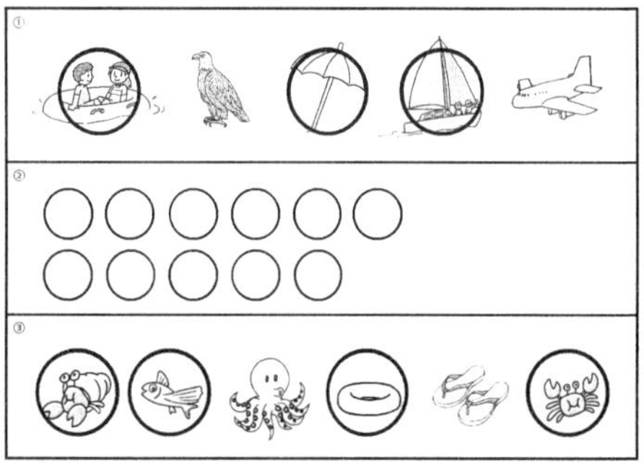

学習のポイント

解答時間が長く設定されているため、細かい部分までしっかりと記憶できるようにしましょう。この問題では、「何があるか」と「いくつあるか」という２点の記憶が必要です。お子さまが苦手に感じているようであれば、全体を見たり、細かく見たりといった形でお子さまの覚えやすい方法を一緒に探してあげてください。その中でも形を覚えるのが苦手なのか、数を覚えるのが苦手なのか、お子さまは何ができて何ができないのかを保護者の方がしっかりと掴んでおきましょう。また、学習をしているとき、お子さまがヤマを張って記憶していると感じたときなどは「かもめは何羽いた？」「帽子を被った人は何人いた？」と問題をアレンジしてみるのもおすすめです。記憶力を身につけるのに近道はありません。問題に慣れるためには、少しずつ練習を重ねることが大切です。

【おすすめ問題集】
Ｊｒ・ウォッチャー20「見る記憶・聴く記憶」

問題8　分野：制作

〈準備〉　クレヨン、フェルトペン、のり、セロテープ、ハサミ、画用紙、さまざまな形が描いてある画用紙、紙コップ、紙皿、モール、ストロー、マスキングテープ、台所用品、砂場遊びの道具、その他さまざまなもの

〈問題〉　この問題の絵はありません。
制作の前に読み聞かせがある。お話の後に質問があり、挙手して指名されたら答える。その後、お話に出てきたものを作るように指示される。

読み聞かせのお話
・「こぶたはなこさんのたんじょうび」
・「ハンバーガーボーイ」
・「はじめはりんごのみがいっこ」

制作
・「ハンバーガーボーイ」に出てくるハンバーガーを作る。
・自分の好きな生き物や誕生日のプレゼント、書いてある形を切り取り、好きなものを作る。
・海に住んでいる生き物を作る。
・プレゼントを作る。
・宇宙にあるものを作る。

〈時間〉　適宜

〈解答〉　省略

学習のポイント

制作では、想像力や作業中の態度、お話を理解しているかなどが観察されています。対策としては、本問と同じように、真新しい内容の本を読み聞かせることから始めましょう。お話が終わったら、内容に関する質問をいくつかして、お話を把握できているか確認しましょう。その後に、制作の課題を与えます。制作物は、お話と全く関係のない物を作ると、内容を把握できていないと判断されるかもしれません。あくまでお話から連想できるものにし、楽しみながら取り組みましょう。ご家庭で制作の練習をされる際は、保護者の方も一緒に作業されてみてはいかがでしょうか。保護者の方の作業の様子を見て、お子さまは、材料や道具の使い方、制作物のアイデアなどを得ることができます。また、試験中は材料や道具の扱い方に注意しましょう。物を占領してはいませんか。ハサミを人に渡すときは柄の部分を向けて渡していますか。のりの出す量は適量ですか。制作の過程も評価されていることを忘れずに、試験に臨みましょう。

【おすすめ問題集】
実践　ゆびさきトレーニング①・②・③、Ｊｒ・ウォッチャー23「切る・貼る・塗る」

問題9　分野：行動観察

〈準備〉　なし

〈問題〉　**この問題の絵はありません。**

・1人ずつ名前、通っている幼稚園・保育園の名前、家族について、本日の登校手段、家でのお手伝いについて、食べ物の好き嫌い、好きなこと、今夢中になってやっていること、今までやってきたことや行ったところで楽しかったことを発表する。
・自分が作った制作物をみんなに見せる。何を作ったのか、どんなところを頑張ったのかを発表する。

〈時間〉　1人3分

〈解答〉　省略

学習のポイント

集団による面接と考えてよいでしょう。人前でもはきはきと話せるようになるには、普段から、いろいろな人と会話する機会を設けることです。そのためには、例えば、スーパーへ買い物に行った際、どこに置いてあるのかわからない商品があれば、位置をお店の人に尋ねたり、公園で初めて会うお友だちと遊ぶ、家族の前で何かを発表するなど、工夫をして度胸をつけていくとよいでしょう。コミュニケーションの場を多く持つことで、話し方が身につき、語彙が増え、自然と自信もついていきます。保護者の方は、お子さまの言葉遣いや、声の大きさ、態度などを観てあげてください。お子さまが発表することに苦手意識を持たれている場合は、保護者の方がお手本を見せてあげましょう。保護者の方が自信を持って話す姿を見ると、お子さまも実行することに抵抗がなくなります。

【おすすめ問題集】
新小学校受験の入試面接Q＆A、家庭で行う面接テスト問題集

問題10　分野：行動観察

〈準備〉　ボール、縄跳び、風船、椅子など

〈問題〉　**この問題の絵はありません。**

自由遊び：「体育館にあるものを使用して自由に遊ぶこと」「使ったものは元のところに戻すこと」「静かに遊ぶこと」などの指示がある。
課題遊び：フルーツバスケットや鬼ごっこ、ボールを使った遊び、指示されたポーズをとる、などがある。

〈時間〉　適宜

〈解答〉　省略

学習のポイント

自由遊びでは、用意された遊び道具を適切に使ってお友だちと一緒に遊べるかどうか、という協調性がポイントになります。課題遊びでは、ルールを理解した上でそれを守り、お友だちと楽しく遊べるかどうかが観られています。いずれもお子さまのお友だちとの接し方を観ることで、入学後の集団生活への適性を見極める課題です。お子さまの普段のお友だちとの接し方をチェックしてみてください。気になることがあった際には、頭ごなしに「ああしなさい、こうしなさい」と言うのではなく、お子さまの考えに耳を傾けた上で「こうしたらどうかな」「○○さん（お友だちの名前）は、こう思うんじゃないかな」など、他者への想像力を育むようなアドバイスを心がけてください。また、楽しく遊ぶことの他に、道具を丁寧に扱うことも意識して試験に臨みましょう。道具を使う前に、どこにどのように片付けてあるかを確認し、遊び終わったあとは必ず元通りにしましょう。お子さまは普段から整理整頓ができていますか。保護者の方は、お片付けだけでなく、靴や服の脱ぎ方までチェックし、物を丁寧に扱うことを習慣化させてあげましょう。

【おすすめ問題集】
Ｊｒ.ウォッチャー28「運動」、29「行動観察」

問題11　分野：運動

〈準備〉　バトン、お手玉、平均台、跳び箱、マット、ろくぼく、ビニールテープ

〈問題〉　**この問題の絵はありません。**
・先生の手本と同じように模倣体操をする。
・クマ歩きをする。
・両手を前に出したり、後ろに組んだり、上にあげたりして、うさぎ跳びをする。
・バランス運動。
・バトンリレーをする。（障害物競走）
・リズムに合わせて指示に従って行動をする。
・連続運動（平均台→跳び箱→マット運動→ろくぼく→ケンケンパ）をする。

〈時間〉　適宜

〈解答〉　省略

学習のポイント

難易度がそれほど高くない課題がほとんどですから、１つひとつの動作が雑にならないよう注意し、落ち着いて取り組みましょう。ここでは、運動能力もさることながら、指示された通りに行動できているか、課題に意欲的に取り組んでいるか、自分以外のお友だちが試験を受けている間も集中力を持続できているかなどが観られています。特に、３つ目の待機中の様子も評価されていることを忘れないでください。試験を受ける順番によって、緊張や集中力のピークは変わります。試験が早く終わったお子さまは、待ち時間が長くなってしまうため、緊張感が薄れ、気が緩んでしまうかもしれません。大切なことは、待ち時間も試験だと意識することです。待ち時間の過ごし方については、ご家庭で事前に話し合い、確認をしておきましょう。

【おすすめ問題集】
Ｊｒ.ウォッチャー28「運動」

問題12　分野：面接

〈準備〉　なし

〈問題〉　**この問題の絵はありません。**

【父親へ】
・自己紹介
・出身校と仕事
・志望理由と当校を選んだ理由
・キリスト教についての考え
・日曜礼拝に通うようになった時期と理由
・兄弟で違う学校に通うことについて
・どのような子どもだと思うか
・平日の子どもとの関わり方
・家庭の教育方針と具体的にやっていること
・子どもの送迎について
・本校のＨＰと説明会の印象について
・他校を受験する有無について

【母親へ】
・出身校と仕事
・子どもと関わる時間について
・本校を知ったきっかけと志望理由
・教会に通うきっかけと頻度
・通っている幼稚園について
・幼稚園の送迎と家での過ごし方
・長期休暇の過ごし方
・子どもの育て方で大切にしていること
・入学前に身につけさせたいこと
・子どもが今取り組んでいること
・兄弟について

【面接資料について】
・本校を知ったきっかけ
・本校の教育のどのような点がよかったのか
・子どもの日常生活について
・在園中の子どもの様子
・今の子どもの様子について思うこと

〈時間〉　適宜

〈解答〉　省略

学習のポイント

当校の面接は、出願の際に提出した面接資料の内容を元に行われます。日頃から、ご家庭の教育方針を立てた上での子育て、日常生活を送っておられることと思います。学校側は、あらゆる面からの質問で、それらが絵に描いた餅なのか実際に実行されていることなのかを知ろうとします。日常生活や幼稚園での出来事など、お子さまから話を聞くことを日々の習慣にしましょう。お子さまの性格や日頃の行動、考え方など、さまざまなことをご家庭で共有し、お子さまへの理解度を高めてください。しつけや学習面など、普段から心がけていることを、どのように話すか整理しておきましょう。また、当校への関心の深さや、教育方針を理解しているかも観られています。キリスト教や宗教教育に対する考え方を明確にし、志望動機にも反映できるようにしましょう。

【おすすめ問題集】
新小学校受験の入試面接Ｑ＆Ａ、家庭で行う面接テスト問題集、
保護者のための面接最強マニュアル

問題13　分野：記憶（お話の記憶）

〈準備〉　鉛筆

〈問題〉　お話を聞いて、後の質問に答えてください。

こうたくんの家では、今日がこうたくんの誕生日で６歳になります。それで、お母さんが誕生日のお祝いに大きなケーキやハンバーグ、野菜サラダ、ポテトフライなどのご馳走を作りパーティーをします。ケーキにローソクを６本立てました。みんなでお祝いのハッピーバースデーの歌を歌い、歌が終わると、こうたくんは一気にろうそくの火を吹き消しました。お父さんから誕生日のプレゼントに靴をもらいました。そのときお父さんが「こうた、お兄さんになったね。これからは自分の靴は自分で洗うようにしたらどうかな」と言われました。翌日こうたくんは早速、今まではいていた靴を洗いました。バケツに水を入れて洗剤を付け、たわしでゴシゴシ、ゴシゴシ一生懸命に洗いました。靴を洗っていると石鹸の泡が茶色になってきました。水ですすぐと見違えるようにきれいになっていました。庭に咲いている白いハナミズキの花の色のように靴が白くなりました。靴はベランダの靴干しハンガーに干しました。翌日乾いた靴は白く光っているように感じました。履いてみると、とても気持ちがよくなり、みんなの靴も洗うことにしました。お父さんやお母さん、妹の靴を洗っていると、お父さんに「おや、こうたはすごく素敵なお兄さんになったな」と言われ、妹には「お兄ちゃん大好き」、お母さんは「こうた、ありがとう、とてもうれしいよ」と言われました。こうたくんはどうしてよいのかわからず照れましたが、とてもうれしい気持ちになりました。こうたくんは、心の中で、他にも何かお手伝いしようと思いました。

（問題13-１と13-２の絵を渡す）
①こうたくんは何歳になりましたか。その数と同じろうそくに○をつけてください。
②こうたくんが靴を洗うときに使わなかったものはどれでしょうか。○をつけてください。
③こうたくんは全部で何足の靴を洗いましたか。その数と同じ靴の絵に○をつけてください。
④こうたくんが生まれたのはいつの季節でしょうか。同じ季節の物に○をつけてください。
⑤こうたくんが洗った靴を履いたときの顔はどのような顔だったでしょうか。その顔に○をつけてください。
⑥お母さんが誕生日のお祝いで作らなかったものに○をつけてください。
⑦このお話の順番を並べたとき３番目に来る絵に△をつけてください。
⑧こうたくんの家族は何人ですか。その数だけ○を書いてください。

〈時間〉　各15秒

〈解答〉　①右から２番目　②右端　③左から２番目　④右から２番目　⑤真ん中
⑥右端と左端　⑦左から２番目　⑧○：４つ

［2022年度出題］

学習のポイント

解答方法で注意することは設問⑦が「△をつける」と指示されている点です。問題文は最後までしっかり聞き、指示された通りに解答しましょう。当校のお話の記憶は、内容を正確に記憶することの他に、設問④のように記憶した内容を元に推理するものや、設問⑤のように登場人物の気持ちや感じたことを問うものがあります。これは、記憶力だけでなく、知識や想像力も必要ということです。このような問題を、当てずっぽうではなく、きちんと根拠に基づいて解答できているか、保護者の方は確認してあげてください。なぜその解答を選んだのか尋ね、お子さまに理由を説明させる機会を設けてあげましょう。説明することに慣れるためには、学習時間以外の時間も、保護者の方がお子さまにいろいろな質問を投げかける方法が有効です。お子さまの言動に対して「なぜそうしたの？」と聞き、お子さまが「〇〇だから××です」という形で答える機会をたくさん用意してあげましょう。

【おすすめ問題集】

１話５分の読み聞かせお話集①・②、お話の記憶問題集 初級編・中級編

Ｊｒ・ウォッチャー19「お話の記憶」、20「見る記憶・聴く記憶」

家庭学習のコツ①　「先輩ママのアドバイス」を読みましょう！

本書冒頭の「先輩ママのアドバイス」には、実際に試験を経験された方の貴重なお話が掲載されています。対策学習への取り組み方だけでなく、試験場の雰囲気や会場での過ごし方、お子さまの健康管理、家庭学習の方法など、さまざまなことがらについてのアドバイスもあります。先輩ママの体験談、アドバイスに学び、ステップアップを図りましょう！

問題14　分野：記憶（お話の記憶）

〈準備〉　鉛筆

〈問題〉　お話を聞いて、後の質問に答えてください。

クマくんの家には、お父さん、お母さん、おじいさん、おばあさん、赤ん坊の妹が住んでいます。妹は去年の５月に生まれて、まだ１歳になったばかりです。妹はまだ小さくて上手に歩くことができませんが、クマくんが歌を歌うと真似をして歌います。ゾウさんの鼻のように手をぶらぶらさせると、妹も真似をして手をぶらぶらさせます。とてもかわいい妹です。妹が元気で早く大きくなるように、クマくんは苦手なものも我慢をして食べ、ご飯もたくさん食べるところを見せています。クマくんの苦手なものはトマトです。妹が大きくなったら、公園のジャングルジムや滑り台で一緒に遊ぼうと楽しみにしています。そのためにも、よいお手本を見せて苦手なものも頑張って食べています。お母さんはいつもクマくんを褒めてくれます。まもなく幼稚園の運動会です。玉入れや、大玉転がし、かけっこ、お遊戯とたくさんの種目に参加します。その中でもクマくんがとても頑張っていることがあります。クマくんはリレーの選手です。１等を目指して、毎日お父さんに教えてもらいながら、走る練習をしています。「だいぶ速く走れるようになってきたね」とお父さんが褒めてくれます。今日も白いティーシャツが汗でびっしょりです。時々おばあさんとおじいさんに連れられて、妹が練習を見に来てくれます。家族みんなで応援に来てくれるので、クマくんは毎日頑張っています。かっこいいところを妹に見せたいからです。

（問題14-１と14-２の絵を渡す）

①妹の生まれた季節と同じ季節の物に○をつけてください。
②クマくんが、妹が大きくなったら一緒に遊びたいと思っているものに○をつけてください。
③クマくんの家族は何人家族ですか。その数だけ○を書いてください。
④クマくんの苦手な食べ物は何ですか。その絵に○をつけてください。
⑤クマくんが今１番頑張っていることは何ですか。その絵に○をつけてください。
⑥クマくんが出ない種目は何でしょうか。その絵に○をつけてください。
⑦クマくんは誰に教えてもらいながら練習をしていますか。その絵に△をつけてください。
⑧クマくんが練習で着ていたのはどれでしょうか。その絵に○をつけてください。

〈時間〉　各15秒

〈解答〉　①右から2番目　②ジャングルジム、滑り台　③○：6つ　④真ん中　⑤真ん中　⑥左から2番目　⑦右から2番目　⑧左から2番目

［2022年度出題］

学習のポイント

お話の難易度は高いものではなく、設問も内容を記憶できれば答えられるものです。日頃の読み聞かせを通して、記憶する練習をしておきましょう。ただし、当校は例年、適性検査Ａを口頭試問形式で実施しています。2022年度はコロナ禍ということもあり、ペーパーテスト形式でしたが、2023年度からは口頭試問形式に戻りました。解答の正誤だけでなく、言葉遣いや態度も観られています。口頭で解答する時は「〇〇です」「△△だと思います」など、最後まで話すようにしてください。また、返事をするときは背筋を伸ばし、相手の目を見てハッキリと話すことも大切です。解答の正誤を求めるだけでなく、こうした正しい話し方も身に付けておきましょう。お子さまの言葉遣いや態度が間違っているようであれば、その都度直すようにしてください。同時に、保護者の方の普段の言葉遣いも振り返り、お子さまのお手本になるような会話を心がけてください。お子さまが話し方を身に付けているかどうかを確かめるには、読み聞かせが終わった後にお話に関する質問をして、そのときの話し方をチェックするのがよいでしょう。

【おすすめ問題集】

１話５分の読み聞かせお話集①・②、お話の記憶問題集 初級編・中級編
Ｊｒ・ウォッチャー19「お話の記憶」、20「見る記憶・聴く記憶」

問題15　分野：記憶（見る記憶）

〈準 備〉　鉛筆

〈問 題〉　（問題15－１の絵を見せる）
この絵をよく見て覚えてください。
（20秒後、問題15－１の絵を伏せ、問題15－２の絵を渡す）
①上の絵を見てください。今見た絵の中になかったものは何でしょうか。その絵に〇をつけてください。
②下の絵を見てください。今見た絵で１番後ろに書いてあったものに△をつけてください。

〈時 間〉　各15秒

〈解 答〉　①メロン　②スイカ

［2022年度出題］

学習のポイント

イラストに描かれたものの数は少ないですが、それらを20秒で覚えなくてはいけないため、十分な記憶力と観察力が必要になります。これらの力は、一朝一夕に身に付くものではなく、繰り返し学習することで少しずつ伸びていきます。本問は、５つの果物が並んだシンプルな問題ですが、問題によっては、何があるかを把握するだけでなく、絵の大きさや数の違い、向きなど、細部まで観察しなければいけないものもあります。こうした記憶分野の問題は、集中力が大きく影響します。ですから、集中力を損なうようなプレッシャーはかけずに、平常心で問題に取り組めるようにしてください。もし、お子さまが苦手意識を持たれているようでしたら、記憶する絵が少ないシンプルな問題から取り組んだり、絵を見る時間を長めに設定することなどをおすすめいたします。また、得意分野の学習に切り替えるなど、気分転換をしながら臨みましょう。慣れてきたら、複雑な絵に挑戦したり、記憶時間を短くして取り組んでみましょう。

【おすすめ問題集】

Ｊｒ・ウォッチャー20「見る記憶・聴く記憶」

問題16　分野：記憶（見る記憶）

〈準備〉　鉛筆

〈問題〉　（問題16－1の絵を見せる）
この絵をよく見て覚えてください。
（20秒後、問題16－1の絵を伏せ、問題16－2の絵を渡す）
今見た絵とそっくりそのまま同じように書いてください。

〈時間〉　30秒

〈解答〉　省略

［2022年度出題］

学習のポイント

すべて記憶することが難しければ最初は１つずつやってみたり、記憶時間を長く設定して取り組んでみましょう。また、解答が記入式ですから、採点者が判断に困るような雑な解答の書き方をしてはいけません。保護者の方は、お子さまの書く記号にまで気を配るようにしてください。記憶力は、練習を重ねることによって少しずつ身に付いていきます。記号を覚えることが苦手なお子さまは、動物の顔や果物などのイラストを覚える問題から始めてみるのはいかがでしょう。イラストだと意外と記憶しやすいという発見があるかもしれません。お子さまの得意な形式の問題から始めて、慣れてきたら、記号を使った問題や、覚える量が多い問題に挑戦してみましょう。工夫して、徐々に問題の難易度を上げていきましょう。

【おすすめ問題集】
Ｊｒ・ウォッチャー20「見る記憶・聴く記憶」

問題17　分野：数量（数える）

〈準備〉　鉛筆

〈問題〉　①左上を見てください。丸い線が1番多いものに○をつけてください。
②左下を見てください。曲がり角が1番多いものに○をつけてください。
③④数が同じもの全部に○をつけてください。

〈時間〉　各30秒

〈解答〉　①真ん中　②真ん中　③左上と右下（ともに９個ずつ）
④右上と右下（ともに７個ずつ）

［2022年度出題］

学習のポイント

本問の解き方を細かく分けると「それぞれ数を数える」「比較し、正解を見つける」という作業に分けることができます。この２つの作業で、最初の「数を数える」の作業で最もミスが発生しやすくなります。原因としては、「重複して数える」「数え忘れ」が挙げられます。これらのミスを防ぐ方法は２つあります。１つは数える順番（方向）を一定にすること。もう１つは数えたものに小さなチェックを入れることです。できれば、この２つの方法を併用すると、重複して数えることや数え忘れは減ります。ただし、後者の方法では、注意点があります。後者の場合、チェックした印を大きくつけてしまうと、解答記号を間違えたと判断される可能性があります。ですから、チェックは小さく端につけるようにしましょう。保護者の方がこのようなことにも意識を向けることで、お子さまの正答率は上がります。また、設問②の曲がり角の意味は分かっていましたか。誤答だった場合は、「曲がり角」言葉の意味が不明だったのか、単に数え違いだったのか突き止めておきましょう。

【おすすめ問題集】
Ｊｒ・ウォッチャー4「数える」、15「比較」、37「選んで数える」

問題18　分野：言語（いろいろな言葉）

〈準備〉　鉛筆

〈問題〉　①絵を見てください。ここに描いてある物の名前で初めの音が同じものに○をつけてください。
②絵を見てください。ここに描いてある物の名前で終わりの音が同じものに○をつけてください。
③絵を見てください。ここに描いてある物の名前で名前の中に「くぎ」のように濁った音が入っているものに○をつけてください。
④絵を見てください。ここに描いてある物の名前で名前の中に「ラッパ」のように詰まった音が入っているものに○をつけてください。

〈時間〉　各15秒

〈解答〉　①くし、くつ、クワガタ、クマ　②タヌキ、ツキ、カキ、キツツキ
③トンボ、タンバリン、スズメ、ネズミ　④スリッパ、キッテ、ラッコ、ヨット

［2022年度出題］

学習のポイント

言語の課題は、語彙数の多少によって解答時間や正答率に差が出てきます。日頃の会話、読み聞かせ、言葉遊びなどを通して、言葉の音やリズムに親しんでおくことが有効です。言語感覚は、発音して耳と口を使うことで養われます。言葉遊びには、はじまりの音（頭音）が同じ言葉を探す「頭音集め」や終わりの音（尾音）が同じ言葉を探す「尾音集め」、「しりとり」などがあり、また、撥音、濁音、半濁音、拗音、促音、長音などの言葉を意識して探すのも有効です。工夫次第でいろいろな遊びに発展させることもできますので、お散歩をしながら、おやつを食べながらなど、机の上の学習以外の時間を積極的に活用して、楽しみながら取り組んでください。

【おすすめ問題集】
Ｊｒ・ウォッチャー17「言葉の音遊び」、18「いろいろな言葉」、
60「言葉の音（おん）」

問題19　分野：言語（しりとり）

〈準備〉　鉛筆

〈問題〉　①絵を見てください。ここに描いてある物の名前で名前の中に「スプーン」のように伸ばす音が入っているものに○をつけてください。
②しりとりをして繋いでいくには、下に描いてあるどの絵を入れればよいでしょうか。下の絵に書いてある記号を上の四角に書いてください。

〈時間〉　各30秒

〈解答〉　①シーソー、ホース、ボール、ボート
②ゴリラ△、月◎、ミノムシ○、カラス□

［2022年度出題］

学習のポイント

言葉の音の種類には「クッキー」などのような「っ」と詰まる音が入っている促音、「キー」と伸ばす長音、「ニンジン」など「ん」と表記される撥音、「きょ・ちゃ」などのように２字で表される拗音、「リンゴ」の「ご」のように濁点がつく濁音、「ラッパ」の「ぱ」のように半濁点がつく半濁音など、決められた呼び名があります。言葉を学習するときは実際に発音して、１つひとつの音を確認しながら進めてください。１音ずつ手を叩いて「シ・ー・ソ・ー」「ヨ・ッ・ト」のように区切ってみると、音の区切りがわかりやすいでしょう。「ー」（長音）や「ン」（撥音）、小さい「ッ」（促音）は１音として数え、小さい「ャ」「ュ」「ョ」（拗音）は前の音と合わせて１音として数えます。

【おすすめ問題集】
Ｊｒ・ウォッチャー17「言葉の音遊び」、18「いろいろな言葉」、49「しりとり」、60「言葉の音（おん）」

問題20　分野：図形（重ね図形）

〈準備〉　鉛筆

〈問題〉　①左側の２枚の図を見てください。この２枚は透き通った紙に書いたものです。この紙を●と△がぴったり合うように重ねると、中の模様はどのようになるでしょうか。右側に書いてください。下も同じようにやってください。
②透き通った紙に書かれた左側の2枚の紙を、点線のところで折って重ねたとき、中の模様はどのようになるでしょうか。右側から探してそれぞれ○をつけてください。

〈時間〉　各30秒

〈解答〉　下図参照

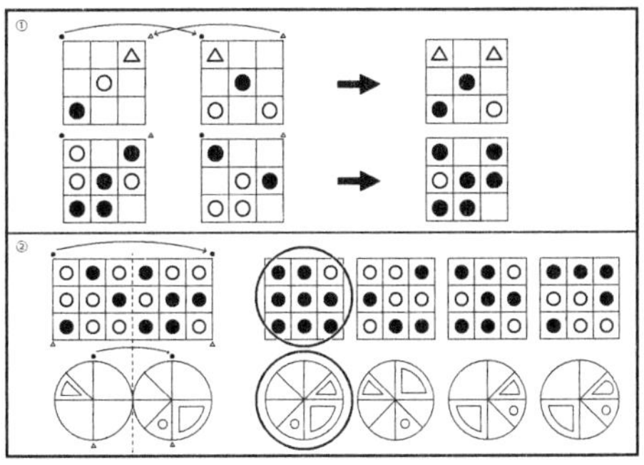

［2022年度出題］

学習のポイント

同じ重ねる問題でも、①の２つはそのままスライドして重ねます。それぞれ位置を間違えずに、書き写していけばよいでしょう。このとき、白丸が黒丸と重なると黒丸になることに注意しましょう。透き通った紙に記号が書かれているため、色の濃い黒丸が白丸を隠すような見え方になります。②の２つは左側を反転させて重ねたときの中の模様を想定しなければなりません。点線より左側の形の位置が逆になります。このような問題は、実際に紙を使って作業してみると位置関係が理解しやすくなります。紙を使って観察しながら、重なる位置を落ち着いて考えてみましょう。このような問題に苦手意識を持たれているお子さまには、まず具体物を使って位置関係を把握させることから始めましょう。それが理解できたら、頭の中で図形をイメージする段階に移行します。

【おすすめ問題集】
Ｊｒ・ウォッチャー35「重ね図形」

問題21　分野：推理（位置の移動）

〈準備〉　鉛筆

〈問題〉　左側の四角の中の○や●が矢印の順番に移動していきます。右端にいったとき、中の丸はどのようになるでしょうか。右端の四角の中に書いてください。

〈時間〉　１分

〈解答〉　下図参照

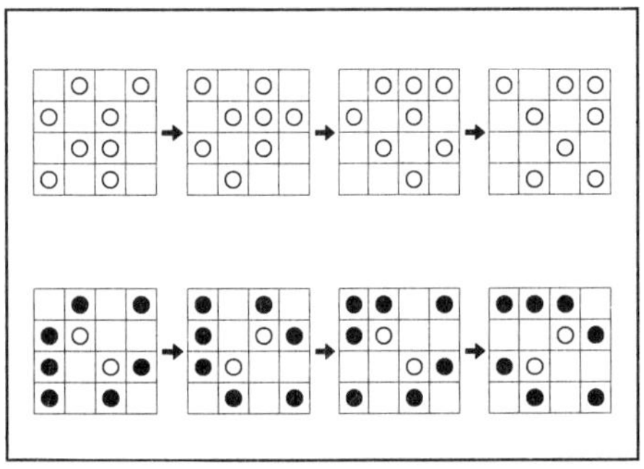

［2022年度出題］

学習のポイント

上の問題は、１番左の列の１番下のマスから、１番右の列の１番下のマスに向かって、白丸がM字を書くように１マスずつ動いています。下の問題は、白丸が書かれている真ん中の４つのマスと、それを囲んでいる黒丸が書かれた周りのマスで分けて見てください。それぞれが１マスずつ時計回りに移動しています。落ち着いて考えると、このように、いろいろな法則に従って丸が移動していることがわかります。推理の問題では、「最初に法則を予想し、それが正しいか検証する」ということを繰り返して、正解を導きます。予想が間違っていたら、別の新しい予想をする必要があります。法則は必ずありますから、諦めずに取り組む姿勢が大切です。

【おすすめ問題集】
Ｊｒ・ウォッチャー31「推理思考」

問題22　分野：常識

〈準備〉　鉛筆

〈問題〉　①家の中の掃除をしようと思います。そのとき使う物に○をつけてください。
②避難訓練をします。実際に避難することを考えたときここに描いてある物のどれを持って避難しますか。○をつけてください。
③それぞれの中で関係のないものに○をつけてください。

〈時間〉　各20秒

〈解答〉　①バケツ、掃除機、雑巾　②懐中電灯、ペットボトル（飲料）、携帯電話
③左上ー雑巾　右上ークレヨン　左下ーラッコ　右下ー靴

［2022年度出題］

学習のポイント

①の掃除道具がわからない場合は、観察力やお手伝いの経験が不足しているといえます。このような常識の知識は、生活体験を通して養われます。知識だけでなく、整理整頓の習慣も身に付きますから、保護者の方は、お子さまにお手伝いを積極的に経験させてあげてください。②では避難時の行動について問われています。これらの道具は、なぜ役に立つのか、どのように使うのかも、お子さまに質問してみましょう。お子さまが身の安全確保についてどの程度理解できているかがわかります。また、日頃から避難時は何を持ち出すか、どこへ避難するかを話し合って確認しておきましょう。③ではなぜ仲間でないのかその理由を尋ねてみてください。このような常識問題は、小学校入試では頻出分野になりつつあり、かつ、解答時間が短くなってきている傾向があります。その理由ですが、試験対策として覚えたことを問うのではなく、日常生活に結びつけてどうであるかを知るためです。考えて解答するものではないため、解答時間は短く設定されています。

【おすすめ問題集】
Ｊｒ・ウォッチャー12「日常生活」

問題23　分野：図形（点結び）

〈準備〉　鉛筆

〈問題〉　上に書いてある形と同じになるように点と点を結んで書いてください。

〈時間〉　１分

〈解答〉　省略

［2022年度出題］

学習のポイント

毎年出題される点結びの問題ですから、しっかりと練習をしておいてください。思考し正解を導き出す問題ではなく、正確な作業をする問題のため、正解率は高くなります。正解率が高いということは、ミスが許されないということでもあります。このような運筆の問題では、濃くしっかりとした線を引く、結ぶ点を間違えないようにするということを意識して取り組むようにしましょう。また、書くときの姿勢や鉛筆の持ち方は、線のぶれなさや筆圧に関係してきます。保護者の方は、正しく模写できたかだけでなく、そのようなところまでチェックしてあげましょう。書き始めの位置、書いていく方向も決めておくことで、線の重複や書き忘れを防げるでしょう。

【おすすめ問題集】
Ｊｒ・ウォッチャー1「点・線図形」、2「座標」、51「運筆①」、52「運筆②」

問題24　分野：制作

〈準備〉　モール、毛糸、アルミホイル、セロテープ、画用紙、色紙、紙コップ、チューブのり、ハサミ、ポンキーペンなど

〈問題〉　この問題の絵はありません。
制作の前に読み聞かせがある。お話の後に質問があり、挙手して指名されたら答える。その後、お話に出てきたものを作るように指示される。

制作
・お面を作る。
・運動会で使うものを作る。
・宝物を作る。
・クワガタを作る。
・箱を作る。
・鳥を作る。
・塗り絵をする。

〈時間〉　適宜

〈解答〉　省略

［2022年度出題］

学習のポイント

読み聞かせのお話は、後の質問や、制作にも関わってくるため、最後まで集中して聴きましょう。質問では、挙手をしないと答える機会がありません。間違えたからといってマイナスにはなりませんから、コミュニケーションの場に積極的に参加する姿勢を意識しましょう。制作では、材料がたくさん用意されているため、どれをどのように使えばよいか戸惑うでしょう。制作に慣れておくためにも、普段から「○○を作ってみよう」と課題を与え、創作力を鍛えたり、道具の使い方を学んでおくことをおすすめいたします。制作の課題は、お子さまの技術力を観ているのではなく、発想力や指示に従って行動できているか、道具が適切に使えているか、片付けができているかなどを評価されています。制作ひとつとっても、お子さまの普段の生活体験が窺えます。人の話を聞くときの態度、集中して作業をするときの姿勢、コミュニケーション力、道具の扱い方、整理整頓などは、その場で急にできるものではなく、日頃の積み重ねが大切です。

【おすすめ問題集】
　実践　ゆびさきトレーニング①・②・③、Ｊｒ・ウォッチャー23「切る・貼る・塗る」

問題25　分野：行動観察

〈準備〉　ろくぼく、フープ、平均台、跳び箱、縄跳び、ボールなど

〈問題〉　**この問題の絵はありません。**
自由遊び：「体育館にあるものを使用して自由に遊ぶこと」「使ったものは元のところに戻すこと」「静かに遊ぶこと」などの指示がある。
課題遊び：・教室の移動の際、さまざまな指示がありその内容によって行動しながら移動する。
・曲が流れ、歌に合わせてリズムを取りながら手足を動かす。
・先生がとったポーズを真似する。

〈時間〉　適宜

〈解答〉　省略

［2022年度出題］

学習のポイント

さまざまな遊び道具が用意されており、お子さまの性格や、気力、体力が観察されます。自由遊びでは、指示されたことを守って遊びましょう。また、他のお友だちの邪魔や迷惑になるようなことをしないよう意識してください。自分が遊んでいる道具で遊びたそうにしているお友だちがいたら、気持ちよく変わってあげられるようにしましょう。反対に、遊びたい道具があったら、変わって欲しいという気持ちを丁寧に伝えられるようにしましょう。そして、使った道具は必ず元の場所に戻します。整理整頓や、道具を大切に扱うことはご家庭でしっかりと指導をしてあげてください。課題遊びも同様に、指示通りに取り組みましょう。自由遊びとは異なり、全員が同じ動作をするため、１人が違った動きをしていると目立ちます。試験時間は長くなりますが、集中力の持続を保てる工夫が大切になります。

【おすすめ問題集】
　Ｊｒ.ウォッチャー29「行動観察」

問題26　分野：運動

〈準　備〉　フープ、空のペットボトル、コーン、平均台、跳び箱、マット、ろくぼく、ボール

〈問　題〉　**この問題の絵はありません。**
・膝の屈伸運動、腕によるフープ回し、フープを中心にして左右前後に跳ぶ。
・クマ歩き、クモ歩き、ギャロップをしてコーンを回る。
・バトンの代わりにペットボトルを持ちリレーをする。
・ケンケンパ、ジャンプ片足バランス、連続行動（平均台、跳び箱、マット、ろくぼく、ボール）

〈時　間〉　適宜

〈解　答〉　省略

［2022年度出題］

学習のポイント

当校の適性検査Ｂでは、運動、行動観察、制作などを行うため、全体で約３時間という長丁場の試験になります。そのため、体力がなければ集中力が欠けていきます。机の上の学習だけでなく、普段から身体的・精神的健康管理にも気を配り、体力・気力作りをしましょう。健康管理とは、バランスのよい食事、睡眠、運動を心がけることです。当校の運動の試験では、走ること、バランスをとること、ボールを投げることなどを中心に行なわれます。難しい運動はなく、基本的な運動能力や体力の有無が観られています。ですから、普段から、外に出て走ったり、キャッチボールなどをし、それぞれの運動に合った身体の使い方に慣れておくとよいでしょう。また、当然のことながら、試験中の態度や姿勢も評価の対象になります。上手くできない課題があっても落ち込まず、気持ちを切り替えて次の課題に臨みましょう。

【おすすめ問題集】
Ｊｒ.ウォッチャー28「運動」

問題27　分野：面接

〈準備〉　なし

〈問題〉　**この問題の絵はありません。**

【父親へ】
・自己紹介
・出身校、仕事の内容
・志望理由
・キリスト教についての考え
・上の兄弟姉妹と通う学校の違いについて（兄弟姉妹がいて通学校が異なる場合）
・本校のＨＰやＷｅｂ説明会の印象
・本校で学んでほしいこと
・本校で学んだこと（本校出身者の場合）
・子供の送迎について
・兄弟の仲
・子どもが頑張ってできたこと

【母親へ】
・自己紹介
・出身校（本校出身者の場合、それに関するさまざまな質問がある）
・志望理由
・教会に通う理由と頻度
・子どもの好きな本
・子どもが熱中していること
・家庭教育について
・幼稚園での様子
・子どもの送迎について
・家族とのコミュニケーションについて

【面接資料について】
・本校の教育の様子をどのような形で知ったか
・本校の教育のどのようなところを評価して選んだのか
・どのようなころに気を付けて子育てをしているか
・今の子どもの様子をどのように観ているか

〈時間〉　10分前後

〈解答〉　省略

［2022年度出題］

学習のポイント

保護者面接は、原則両親揃っての参加が必須です。事前に提出した面接資料を元に質問がなされます。質問内容は主に、ご家庭の教育方針、子育て、お子さまについてなどです。普段の過ごし方が重要になりますから、面接までにしっかりと振り返り、整理しておきましょう。また、学校の教育方針に関する質問もあります。特に、当校はキリスト教信仰に基づいた教育を実施しています。キリスト教に馴染みのないご家庭の場合は、普段から教会に礼拝に行くなどして、少しずつキリスト教の理解を深め、宗教に対する考え方を整理しておきましょう。また、学校から公開されている情報はしっかりと把握しておきましょう。ホームページに掲載されている情報にはきちんと目を通しましょう。学校説明会には積極的に参加することが望ましいです。事前に提出する面接資料の質問項目には、学校説明会に関するものがあるそうです。「当校で子どもを学ばせたい」という熱量を伝えられるよう、準備は入念に行ってください。

【おすすめ問題集】
新小学校受験の入試面接Q＆A、家庭で行う面接テスト問題集、
保護者のための面接最強マニュアル

問題28 分野：記憶（お話の記憶）

〈準備〉 鉛筆

〈問題〉 お話を聞いて、後の質問に答えてください。

今日は、ヤマトくんの幼稚園の運動会です。雲もなく、晴れてとても気持ちのよいお天気です。ヤマトくんはリレーの選手です。選手に選ばれたとき、（1番でゴールしたいな）と思いました。だから、4月の自分の誕生日から毎日、晩ごはんの前に走る練習をしてきました。リレーは4人で走ります。スタートが近づいてくるとヤマトくんはだんだん心臓がドキドキしてきました。すると、一緒に走る3人のお友だちが「大丈夫だよ。たくさん練習をしたんだから」と声をかけてくれました。いよいよスタートです。ヤマトくんは4番目に走ります。2人目までトップでしたが、3人目で1人に追い抜かれてしまいました。さあ、ヤマトくんの走る番です。ヤマトくんは、バトンをもらって走り始めましたが、途中で息が苦しくなってきました。でも、がんばって走っているとだんだんと前の選手が近づいてきて、追い抜いたと思ったら、そこがゴールでした。（勝った！）と思ったとたん、ヤマトくんはうれしくて思わず飛び上がってよろこびました。

（問題28の絵を渡す）
①ヤマトくんの誕生日の頃に咲いている花は何ですか。1つ選んで○をつけてください。
②リレーは何人で走りましたか。その数だけ○をつけてください。
③スタートが近づいたときのヤマトくんの顔はどれですか。1つ選んで○をつけてください。
④ゴールした後のヤマトくんの顔はどれですか。1つ選んで○をつけてください。

〈時間〉 各10秒

〈解答〉 ①左端（サクラ）　②○：4　③左から2番目（緊張している）
④右から2番目（喜んでいる）

［2021年度出題］

学習のポイント

お話の内容だけでなく、生活常識や登場人物の気持ちを推測させる問題が出題されています。設問①では、「４月」は春で、その頃に咲く花は「サクラ」という知識が必要になってきます。ところで、４月のようにお話に数字が出てくることは、当校に限らずよくありますが、直接的な数字が出てこないお話もあります。例えば、お話の中でヒマワリが咲いていることに触れられ、その後の設問で「お話の季節に合うものを選んでください」と質問されます。この場合、ヒマワリが夏に咲くことを知っているかや、夏に関連したものを他に挙げられるかが問われています。１つの物事を別の物事と関連付けて理解することが大切です。また、設問③④では、ヤマトくんの行動からヤマトくんの気持ちを推測するのですが、このように人の気持ちを考えさせる質問からは、年齢なりのコミュニケーション力の有無を観られているといえます。このような設問は他校でも増えてきています。保護者の方は、知識を蓄積するだけではなく、子どもらしい健やかな心を育むことの大切さを忘れないようにしてください。

【おすすめ問題集】
１話５分の読み聞かせお話集①②、お話の記憶 初級編・中級編・上級編、
Ｊｒ.ウォッチャー19「お話の記憶」

問題29　分野：記憶（見る記憶）

〈準備〉　鉛筆

〈問題〉　これから絵を見てもらいます。よく見て何が描いてあるのか覚えておいてください。
（問題29-１を20秒間見せた後、絵を伏せ、問題29-２を渡す）
同じ場所に同じ絵を描いてください。

〈時間〉　１分

〈解答〉　省略

［2021年度出題］

学習のポイント

見る記憶の問題です。マス目は16個、記号は基本的な図形ですので、それほど難易度は高くありません。まずは「どこに」と「何が」あるかという、２つのことに注目して覚えていきましょう。もし本問が解けなかった場合は、マスや記号を減らしたり、記憶時間を延ばしたりしながら、繰り返し学習してみてください。また、この問題では、記憶力だけでなく、巧緻性（手先の器用さ）も観られています。お子さまが書いた記号はしっかりと頂点が書けていますか。自分は△を書いたつもりでも、採点者が○と判断すれば誤答になりますから、１つひとつの記号をしっかりと正しく書くように練習してください。すぐにできるようになるものではないので、普段からの練習が必要です。

【おすすめ問題集】
Ｊｒ.ウォッチャー20「見る記憶・聴く記憶」、51「運筆①」、52「運筆②」

問題30　分野：言語（言葉の音）

〈準　備〉　鉛筆

〈問　題〉　（問題30－1の絵を渡す）
①とまとには、「と」の文字が2つ入っています。同じように、名前の中に同じ音が2つか、それより多くあるものを選んで、○をつけてください。

（問題30－2の絵を渡す）
②「もくもく」している様子の絵に○をつけてください。
③「ふわふわ」泳いでいるものの絵に○をつけてください。
④「ぷんぷん」している女の子に○をつけてください。
⑤「ぶるぶる」している女の子に○をつけてください。

〈時　間〉　①1分　②～⑤各10秒

〈解　答〉　①下図参照

②左から2番目（雲）　③右端（クラゲ）
④右から2番目（怒っている）　⑤右から2番目（震えている）

［2021年度出題］

学習のポイント

語彙力の豊かさを問う問題です。子どもは言葉をどんどん吸収して使おうとしますが、感覚的に覚えてしまうこともあるので、保護者の方は、正確な名前を教えていくことが大切です。本問では、「オノマトペ（擬声語・擬態語）」が多く出題されているので、お子さまの表現力も観られているのでしょう。オノマトペは、感情や状態を感覚的に表現できる楽しい言葉ですから、日常生活や言葉遊びを通して、楽しみながら、それについての知識を増やしていきましょう。楽しみながら覚えることで、どういう場面でどのように使うのかも自然と覚えていくはずです。保護者の方は、お子さまが楽しく、意欲的に取り組める環境作りにも気を配ってください。

【おすすめ問題集】
Ｊｒ・ウォッチャー17「言葉の音遊び」、18「いろいろな言葉」、
60「言葉の音（おん）」

問題31　分野：言語（同頭語探し）

〈準備〉　鉛筆

〈問題〉　（問題31の絵を見せる）
下の四角の中の絵と音の数が同じで、同じ音（●の音）で始まるものを上の絵から探して○をつけてください。

〈時間〉　20秒

〈解答〉　下図参照

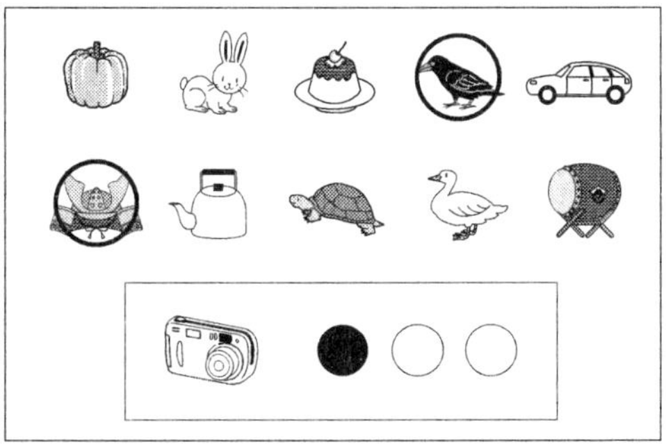

［2021年度出題］

学習のポイント

２つの条件に当てはまる言葉を探す問題です。こうした問題の解き方は２つの条件に当てはまる言葉を探そうとするのではなく、１つの条件に当てはまらない言葉を消すという解き方、つまり消去法で考えた方が効率がよくなります。ここでは「同じ音で始まる言葉」の方から探してみましょう。「カメラ」と同じ音で始まる言葉は「カボチャ」「カラス」「カブト」「カメ」の４つです。ここから「カメラ」と同じ３音の言葉を探すと……といった形になります。ご覧になるとわかると思いますが、それほど難しい問題ではありません。この問題でチェックされるのは、もちろん年齢なりに言葉を知っているかということですが、もう１つは２つの条件（複合条件）にどのように対処するかということです。ほとんどの問題はそんなことを考えなくても、答えられるものですが、難関校では正解だけでなく、効率のよい解き方を求めている問題もあります。注意しておいてください。

【おすすめ問題集】
Ｊｒ・ウォッチャー17「言葉の音遊び」、18「いろいろな言葉」、
60「言葉の音（おん）」

問題32　分野：観察（絵の比較）

〈準　備〉　鉛筆

〈問　題〉　左の絵と右の絵をよく見て、違うところを見つけましょう。見つけたら、右の絵の違うところに○をつけてください。

〈時　間〉　30秒

〈解　答〉　下図参照

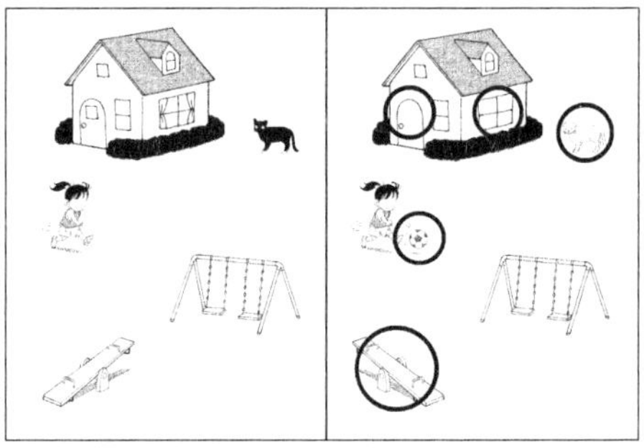

［2021年度出題］

学習のポイント

「間違い探し」は、絵の細かなところが問題になるので、観察力と集中力が問われます。この問題は、比較するイラストが左右の同位置にあり、しかも、１つひとつが離れているため確認しやすいでしょう。絵を見る際には、上からでも、右からでもかまいませんが、ランダムではなく、方向を決めて、１つひとつ確認しましょう。そして、時間を意識して取り組むようにしてください。答え合わせは、お子さま自身ですることをお勧めします。絵を中心の線で切り離して重ねます。そして、窓ガラスなど明るい場所で、絵を透かしてみると、絵が違う部分は重ならないので、間違っていることがわかります。こうしたことをお子さま自身にさせることも対策となりますので、学習に取り入れてみてください。また、問題に「右の絵に○をつける」とありますから、誤って左の絵や、両方に○をつけないようにしましょう。保護者の方は、お子さまがこのような指示に従えていたかもチェックしてあげてください。

【おすすめ問題集】
Ｊｒ・ウォッチャー４「同図形探し」

問題33　分野：図形（対称・鏡図形）

〈準備〉　鉛筆

〈問題〉　この問題の絵は縦に使用してください。
左にあるのはスタンプの模様です。このスタンプにインクをつけて紙に写すと、どのようになりますか。右から１つ選んで○をつけてください。

〈時間〉　各15秒

〈解答〉　下図参照

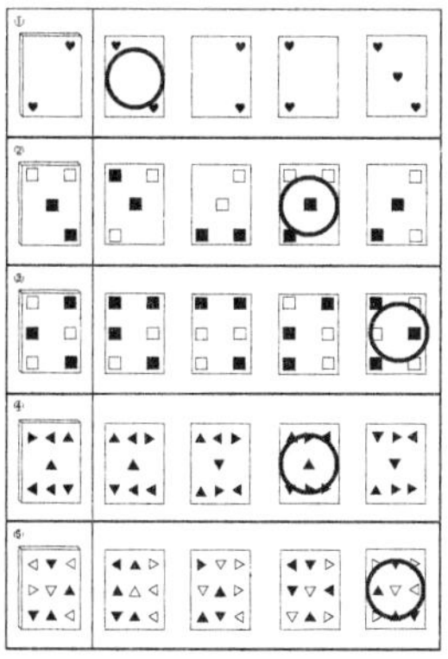

［2021年度出題］

学習のポイント

「対称」の問題です。対称とは、ものの位置が左右反転することです。スタンプを押すとスタンプの跡が、鏡を見ると鏡に映ったものが、左右逆になることが対称の例です。この問題では、記号の形や色が違ったり、数が多かったりするので難しく思えますが、「左にある図形は右に」、「右にある図形は左に」なるという対称の理論を理解していれば解けるでしょう。対称がわからない場合の学習方法は、手鏡を使って行います。手鏡を1枚、左端のイラストの右辺に沿って立てます。すると、鏡に映った絵が解答になるのです。実際に鏡を使って答え合わせをして、対称がどういう状態なのか、目で確認してください。対称を理解したら、鏡図形や展開の問題に挑戦してください。同じ考え方で解答を導き出すことができます。このように、１つの分野を理解することで、他の分野の問題が解けるようになることはたくさんあります。お子さまと一緒に見つけてみましょう。

【おすすめ問題集】

Ｊｒ・ウォッチャー５「回転・展開」、８「対称」、48「鏡図形」

問題34　分野：推理（積み木・四方からの観察）

〈準　備〉　鉛筆

〈問　題〉　一番左に黒い積み木があります。この積み木と同じ数の積み木はどれですか。右の積み木から１つ選んで○をつけてください。

〈時　間〉　15秒

〈解　答〉　下図参照

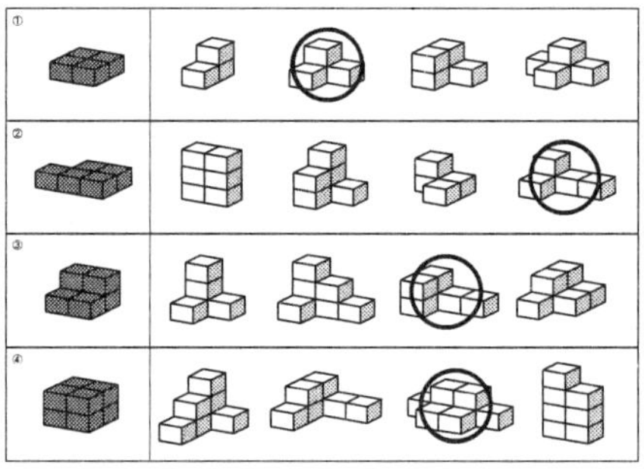

［2021年度出題］

学習のポイント

積み木の問題は、見えない積み木を正しく数えることができるかがポイントになります。実際に積み木を使って、隠れている部分の積み木の重なり方や見え方を実感して、理解するようにしてください。この問題も、お子さま自身に答え合わせをしてもらいましょう。解答した後に、左の積み木がそれぞれいくつあるのかを言ってもらいましょう。保護者の方は、お子さまが答えた数だけ積み木を取らせ、それらの積み木で選択した形と同じ形に積ませしょう。取った数が合っていれば、同じ形の積み木が作れますし、間違っていれば、積み木が足りなかったり、余ったりします。そして、どこが間違っていたのかを一緒に確認してください。また、他の形が作れるかどうかも調べてみます。答えが１つとは限らないこともあります。こうしたことを繰り返すことで、頭の中で積み木を重ねられるようになります。

【おすすめ問題集】
　Ｊｒ・ウォッチャー10「四方の観察」、16「積み木」、
　53「四方の観察（積み木編）」

家庭学習のコツ②　「家庭学習ガイド」はママの味方！

問題演習を始める前に、試験の概要をまとめた「家庭学習ガイド（本書カラーページに掲載）」を読みましょう。「家庭学習ガイド」には、応募者数や試験課目の詳細のほか、学習を進める上で重要な情報が掲載されています。それらの情報で入試の傾向をつかみ、学習の方針を立ててから、対策学習を始めてください。

問題35　分野：運動

〈準 備〉　ボール、平均台、跳び箱など

〈問 題〉　**この問題の絵はありません。**

①線上歩行
スタートから中央の線までスキップで進み、そこから奥はケンケンパで進んでください。

②ボール送りリレー
１列に並び、後ろの人にボールを渡してください。一番最後の人までボールが渡ったら、前の人へボールを戻してください。

③連続運動
平均台の上を歩き、端まで行ったら降りてください。その後、隣の跳び箱に登って降り、カエル跳びをしながらゴールまで進んでください。

〈時 間〉　適宜

〈解 答〉　省略

［2021年度出題］

学習のポイント

運動の課題では、先生の指示をきちんと守れているか、他のお友だちと協力できているかなどが観られています。課題は初歩的な動きがほとんどですから、１つひとつの動作が雑にならないよう注意してください。子どもたちが1列に並んで、同じ動作をするとき、１人だけ違う動きをしていると、とても目立ってしまいます。大切なことは、指示されたことに、的確に、かつ意欲的に取り組むことです。１つの動作が失敗したからと言って不合格になることはないでしょう。失敗しても気分を落とさず、集中して次の課題に臨んでください。待っている時間の態度・姿勢も評価の対象です。特に、早く終わったお子さまは、終わったことへの安心感や、長い待ち時間があるため、緊張感や集中力が切れ、私語やふざけ合いをしてしまうかもしれません。正しい待ち時間の過ごし方についても、ご家庭で話し合っておきましょう。

【おすすめ問題集】
Ｊｒ・ウォッチャー28「運動」

家庭学習のコツ③　効果的な学習方法～問題集を通読する

過去問題集を始めるにあたり、いきなり問題に取り組んではいませんか？　それでは本書を有効活用しているとは言えません。まず、保護者の方が、すべてを一通り読み、当校の傾向、ポイント、問題のアドバイスを頭に入れてください。そうすることにより、保護者の方の指導力がアップします。また、日常生活のさまざまなことから、保護者の方自身が「作問」することができるようになっていきます。

問題36　分野：行動観察

〈準 備〉　集団行動：カメラ、音楽
自由遊び：ボール、フープ、縄跳び、マット、平均台、跳び箱など

〈問 題〉　**この問題の絵はありません。**
集団行動：・先生が写真を撮りますので、1グループ3～4人で集まって、先生が写真を撮りやすいように並んでください。
・音楽のリズムに合わせて、先生の指示に従ってください。
①行進してください。
②リズムに合わせて、両手を打ってください。

自由遊び：ボール、フープ、縄跳び、マット、平均台、跳び箱などがあります。
2～3人で集まって、自由に遊んでください。

〈時 間〉　適宜

〈解 答〉　省略

［2021年度出題］

学習のポイント

集団行動や自由遊びの中では、協調性や自主性が観られています。写真を撮る際には、「自分が、自分が」となってしまうお子さまや、反対に、写らないように人の陰に隠れてしまうお子さまがいます。少人数による集合ですから、お友だちと揉めずに、スムーズに並べるようにしましょう。「先生が撮りやすいように」という指示がありますので、並び方も工夫しましょう。レンズに全員が収まるよう、お友だちとの距離をつめたり、2列になる場合は、前列のお友だちは屈むなどしましょう。そして、笑顔で写ることも大切なポイントです。行進では、先生の指示をきちんと聞いて、守れることが求められます。ダラダラした動きは厳禁です。簡単なことでも一生懸命に取り組むようにしましょう。自由遊びは、「揉める」「いじめる」「自分勝手に振る舞う」など、普段だったら、いけないことだと気付くことも、試験に夢中になるあまり、忘れてしまうかもしれません。試験会場で初めて出会ったお友だちと一緒に何かに取り組むことは、お子さまにとっては案外ハードルが高いのです。その点を十分考慮して、普段から人とのコミュニケーションを積極的にとるよう心がけましょう。

【おすすめ問題集】
Ｊｒ・ウォッチャー29「行動観察」、56「マナーとルール」

問題37　分野：制作

〈準 備〉　ハサミ、のり、ペン、紙袋、段ボール、毛糸、紙コップ、紙皿、アルミホイル、ご家庭にある材料（ペットボトル、牛乳パック、ペーパー芯など）

〈問 題〉　**この問題の絵はありません。**
用意された材料を使って、未来のロボットを想像して、作ってください。出来上がったら、どんなことができるロボットなのか、みんなにお話しましょう。

〈時 間〉　適宜

〈解 答〉　省略

［2021年度出題］

学習のポイント

制作の課題では、巧緻性と想像力が求められます。巧緻性は毎日コツコツ取り組むことで上達するものです。試験官は、道具の使い方を見れば、普段から、その道具を使用しているかどうかわかりますし、作品を見れば、作った子どもの性格がある程度わかるのだそうです。お子さまは道具を適切に扱えていますか。はさみは使っていないときは刃を閉じ、人に渡すときは柄の部分を向けて渡せていますか。材料を好き勝手に使ってはいませんか。自分の課題だけでなく、周囲のお友だちにも配慮して制作を行いましょう。また、絵画や工作は、お子さまの精神状態を反映しますので、練習でも「〇〇しなさい」「〇〇はダメでしょう」などと、強い口調で指示をするのは避けてください。頭で考えたことをどのように実物にするのか考え、自由に楽しく作ることが、お子さまの想像力を育みます。そして、作品について説明をするときは「作品の特徴」「特徴を思いついた理由」なども併せて発表できるとよいでしょう。お子さまが何を話すか迷っているようでしたら、「この部分は何？」「作品の名前は何？」「１番気に入っている部分はどこ？」といったふうに質問を投げかけてあげましょう。そうすることで、作品のどこを説明すればよいかがわかります。

【おすすめ問題集】

実践　ゆびさきトレーニング①・②・③、Ｊｒ・ウォッチャー23「切・貼・塗」、29「行動観察」

問題38　分野：面接

〈準備〉　鉛筆

〈問題〉　この問題の絵はありません。

（質問例）

【父親へ】

・自己紹介をしてください。
・運動会など、幼稚園の行事には参加されましたか。どのようなことをしましたか。
・お子さまの幼稚園への送り迎えはしていますか。送り迎えをするとき、大変なことはありますか。
・休日の過ごし方を教えてください。お子さまとはどのように過ごしていますか。
・お子さまのしつけで、一番大切に考えていることは何ですか。
・お子さまには、どのような人間になってほしいですか。
・本校の教育方針やカリキュラムで気に入った点は何ですか。
・その他「調査書」や「面接資料」に基づく質問。

【母親へ】

・自己紹介をしてください。
・お子さまの性格で、長所と短所を教えてください。
・幼稚園から帰ってきた後、お子さまとどのように過ごしていますか。
・お子さまの起床時間と就寝時間を教えてください。
・夏や冬などの長期休暇のときは、ご家族でどのように過ごしていますか。
・お子さまにはキリスト教について、どのように説明していますか。
・そのほか「調査書」や「面接資料」に基づく質問。

〈時間〉　10分程度

〈解答〉　省略

［2021年度出題］

学習のポイント

当校の面接は、出願の際に提出した面接資料の内容を元に行われます。面接資料を書くに当たり、学校のＨＰや募集要項を読み込むこと、説明会へ積極的に参加することは必須といえます。学校の教育方針や授業内容をしっかりと把握し、「子どもをこの学校に通わせたい」という明確な理由を提示できるようにしておきましょう。また、どのようなお子さまなのかということも学校側は関心があります。普段のお子さまの様子をつぶさに観察し、保護者間で共有しておきましょう。また、当校はキリスト教に基づいた教育を実施しています。宗教や学校への理解を深めるため、また、入学後のお子さまのためにも、教会に通うなどし、宗教教育に慣れておく必要があります。

【おすすめ問題集】

新口頭試問・個別テスト問題集、新ノンペーパーテスト問題集、
保護者のための面接最強マニュアル

問題 1

①

②

③

④

⑤

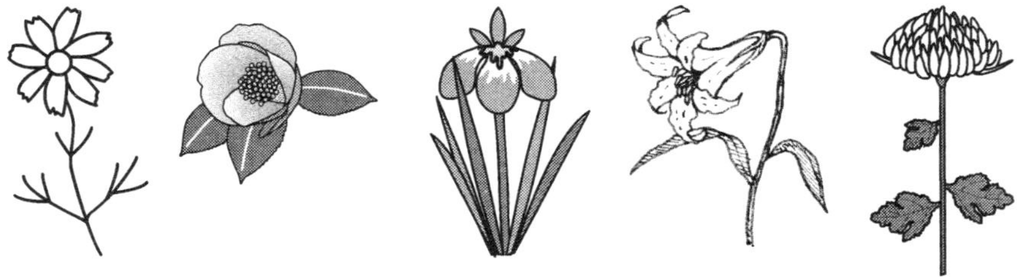

問題 2

①

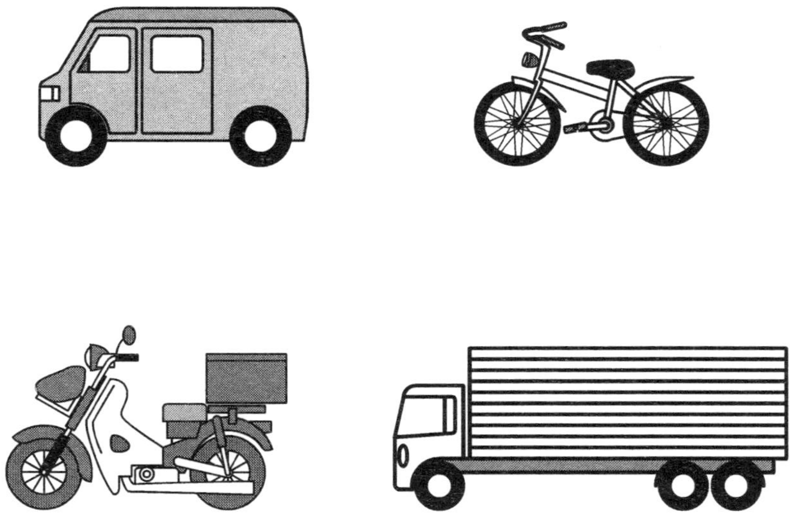

③

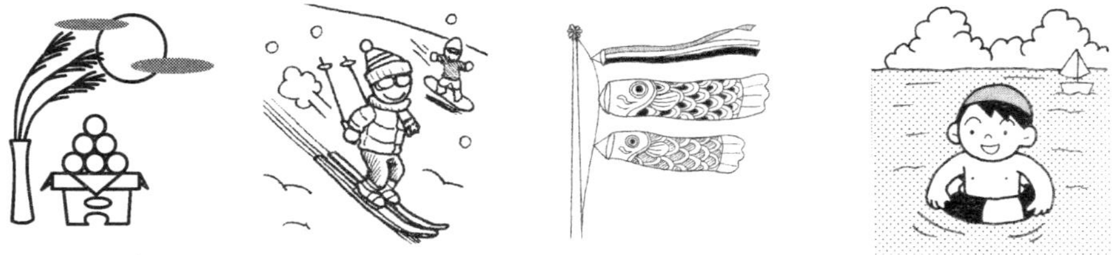

④

②

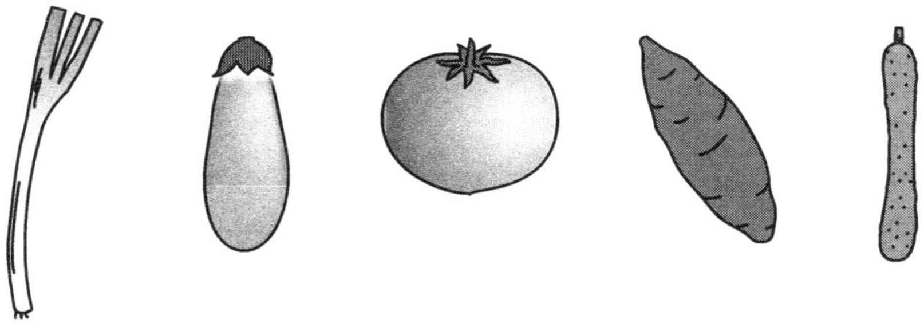

⑤

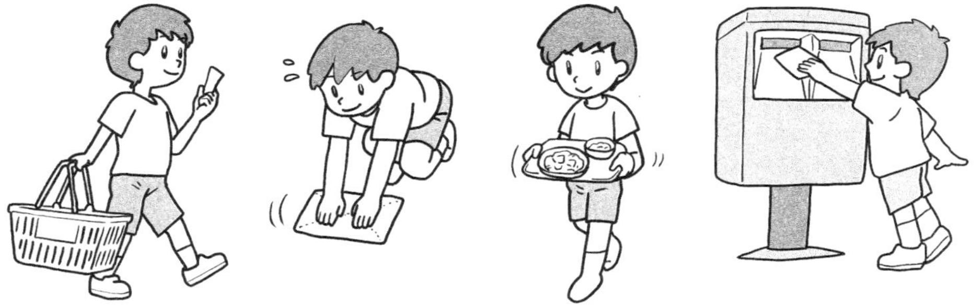

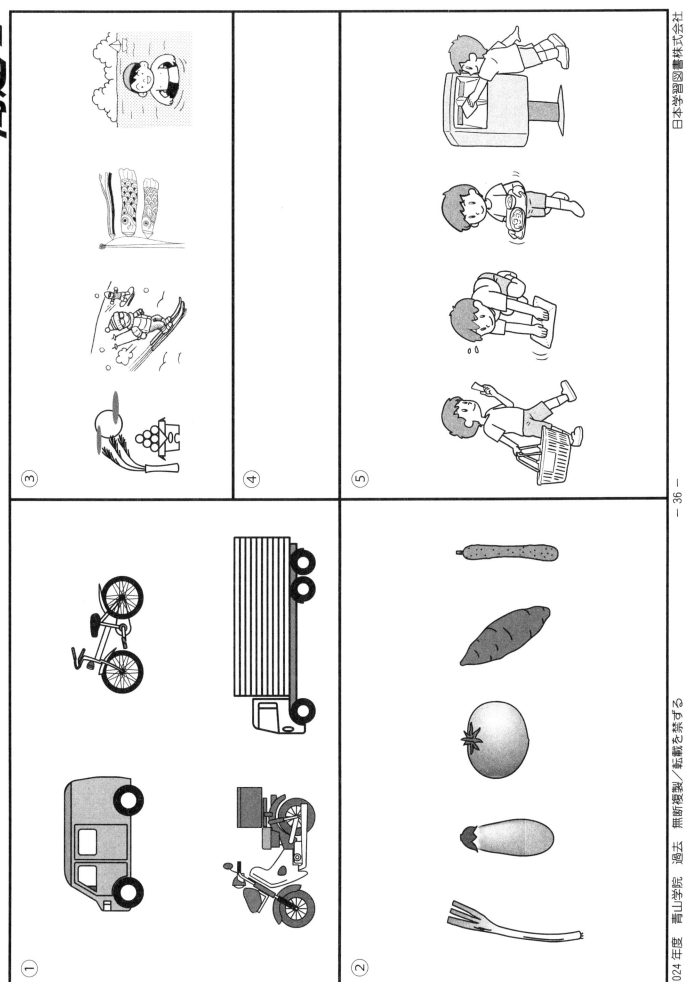

問題 3

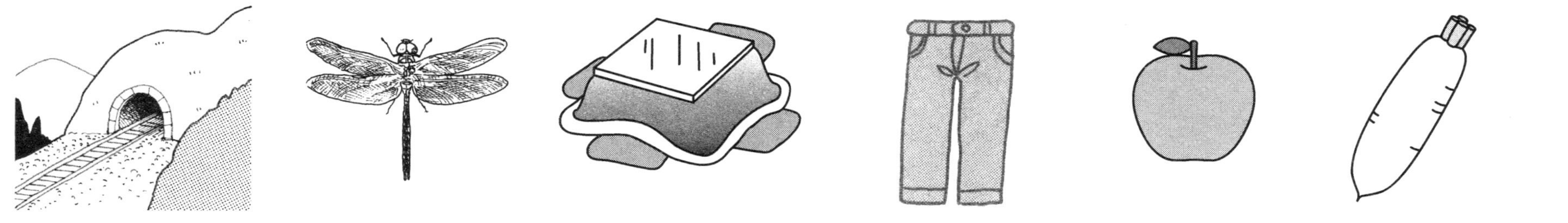

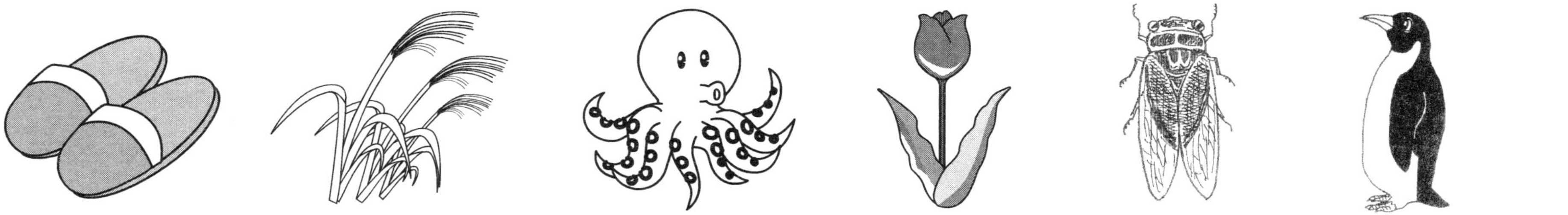

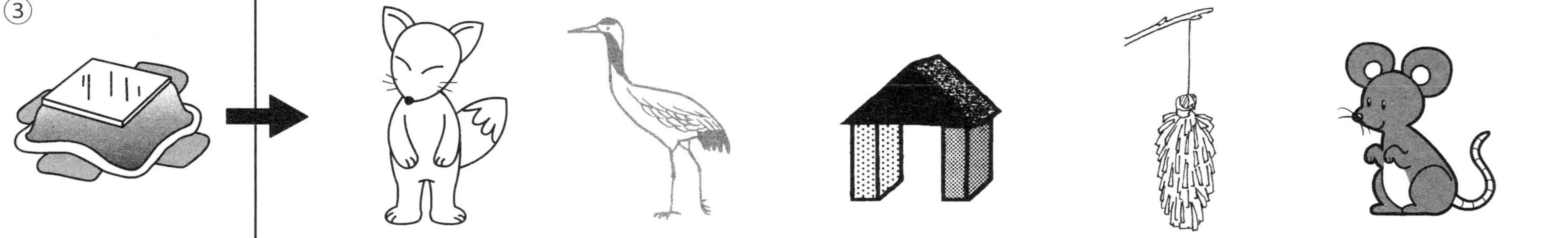

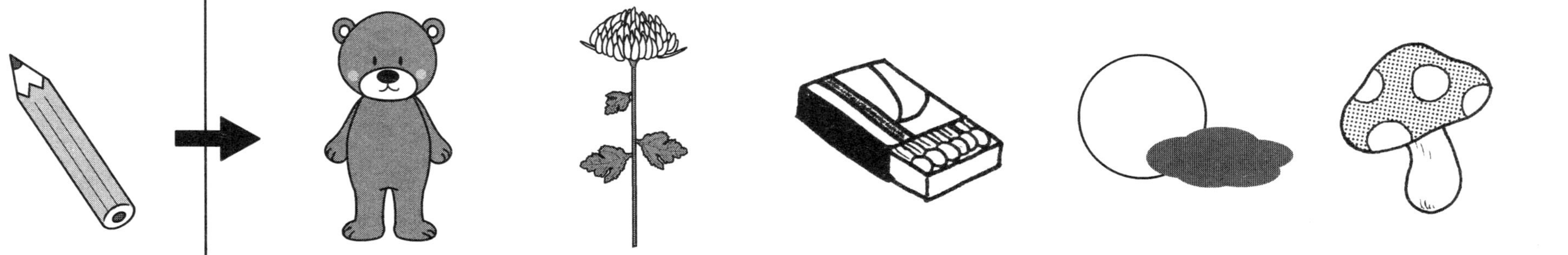

問題4

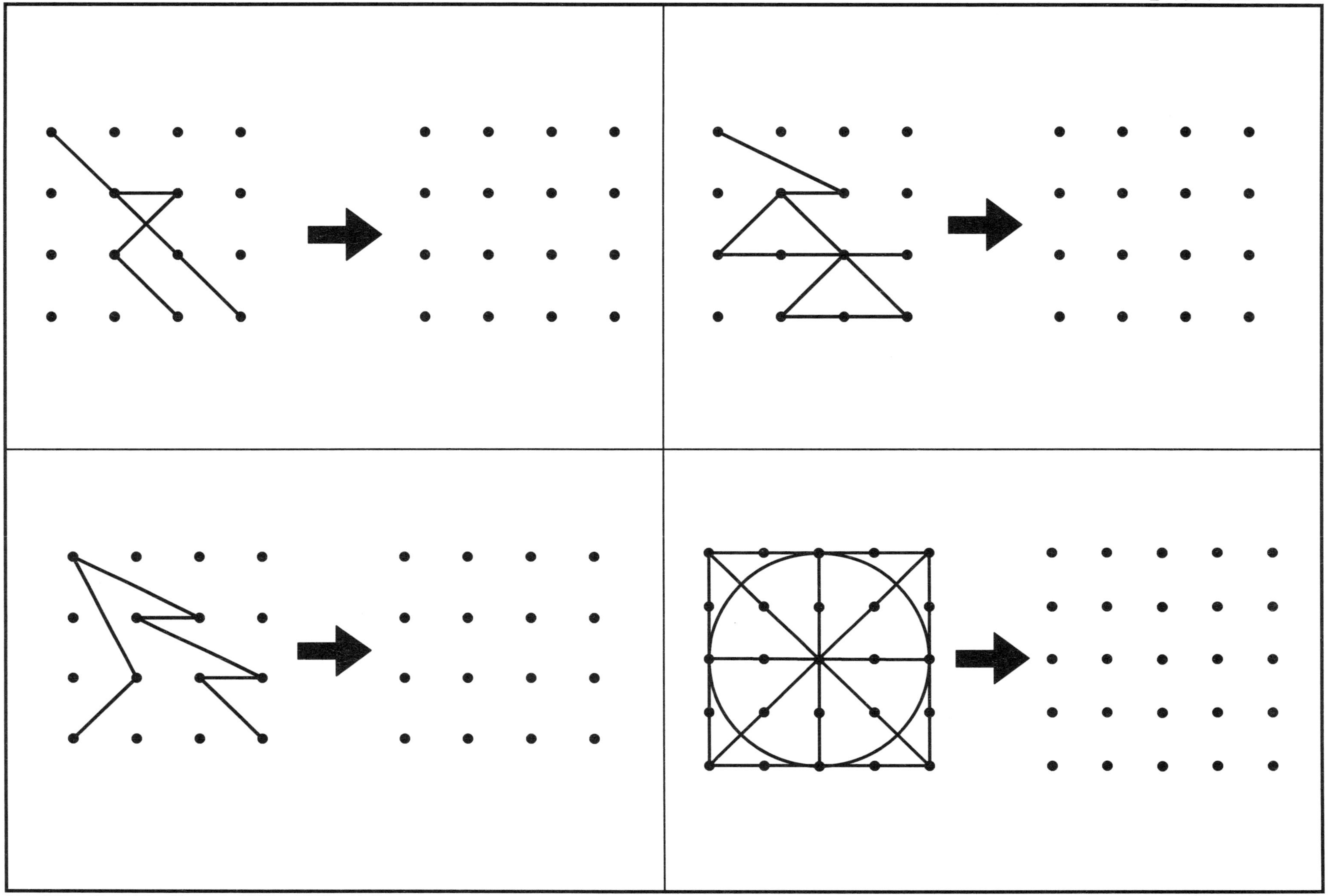

問題5

①

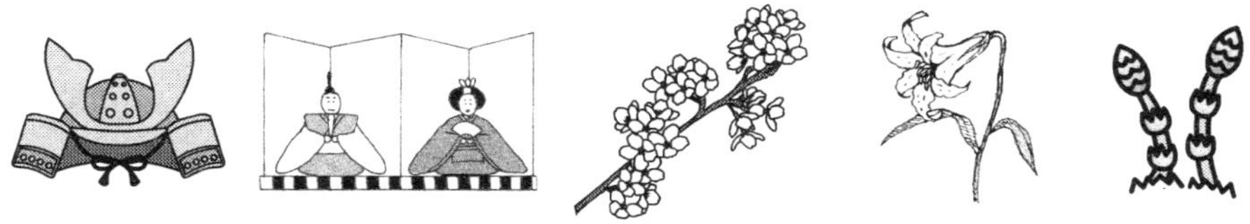

②

③

④

⑤

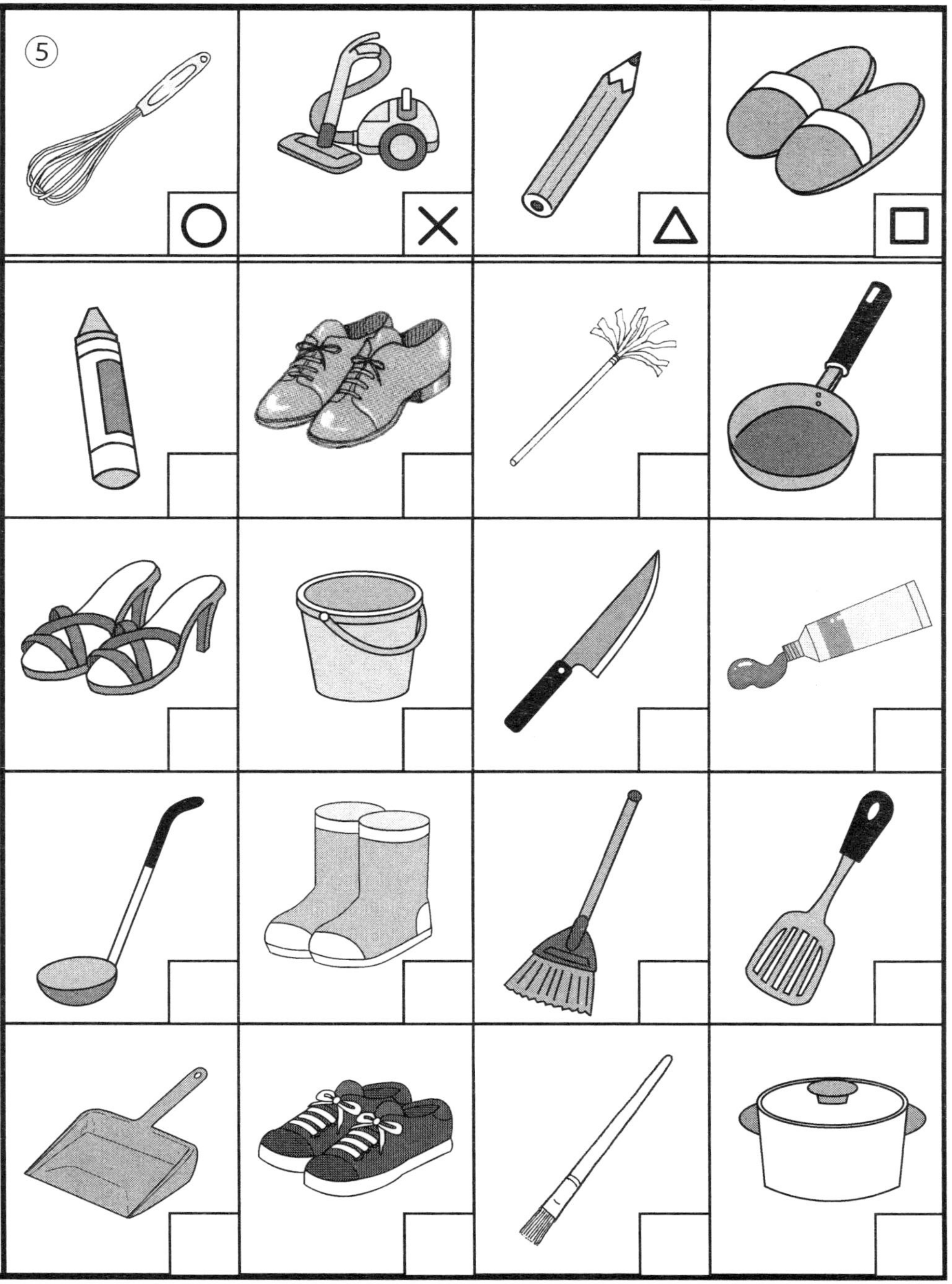

問題6

①

②

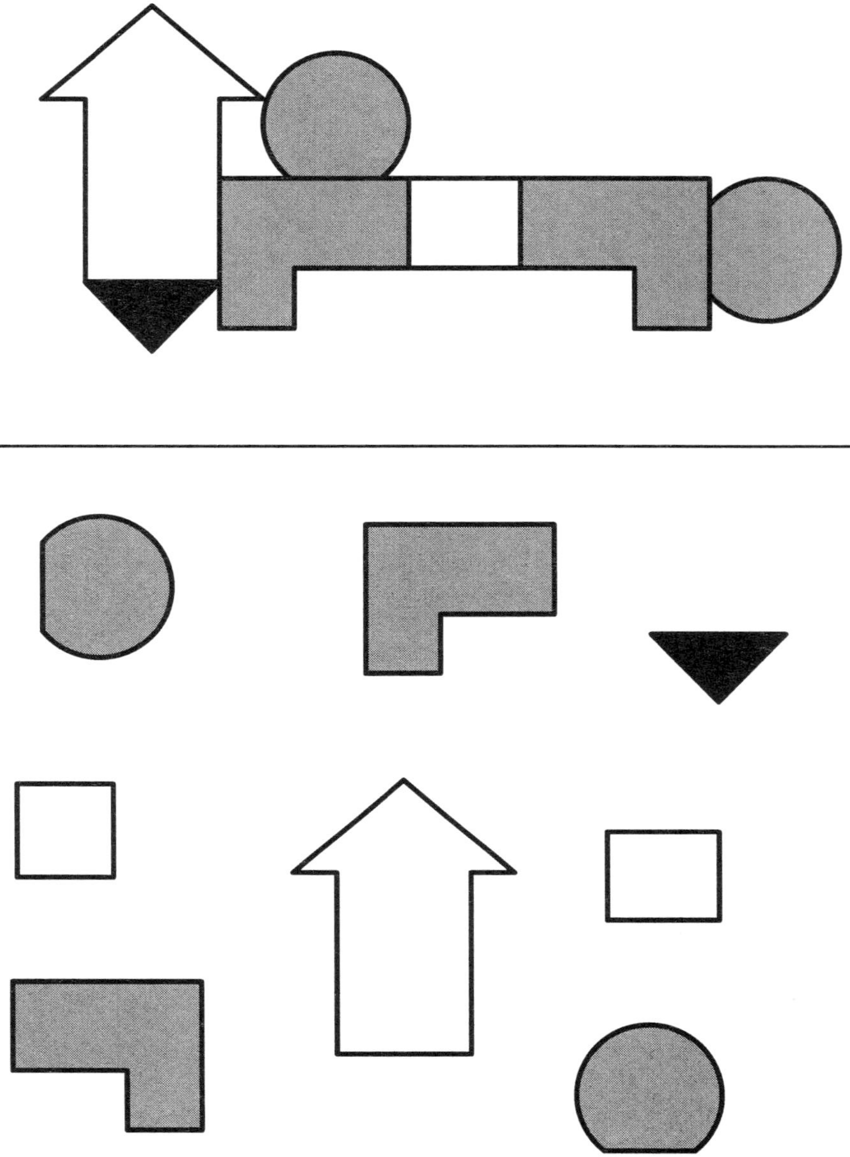

問題７－１

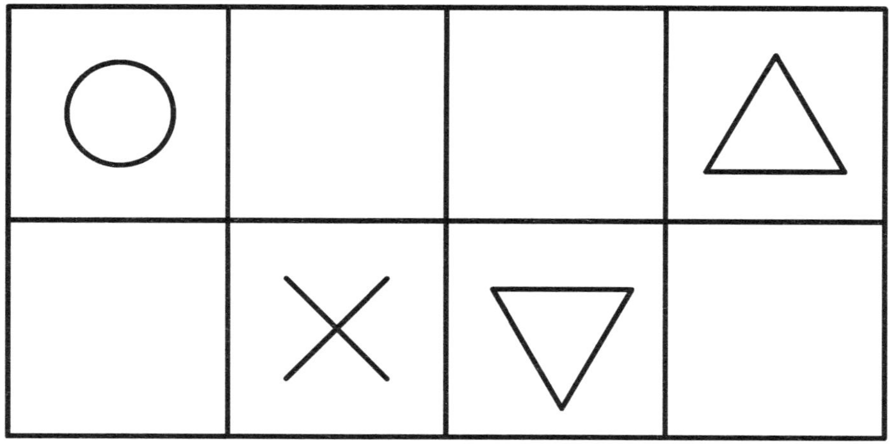

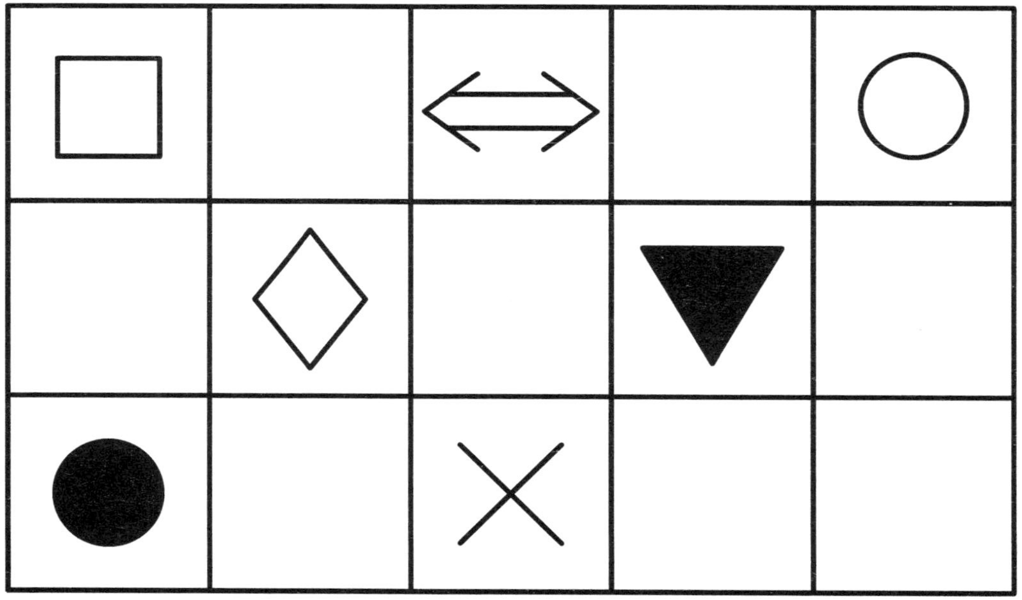

問題7－2

問題７－３

問題 7 － 4

①

②

③

2024 年度　青山学院　過去　無断複製／転載を禁ずる　日本学習図書株式会社

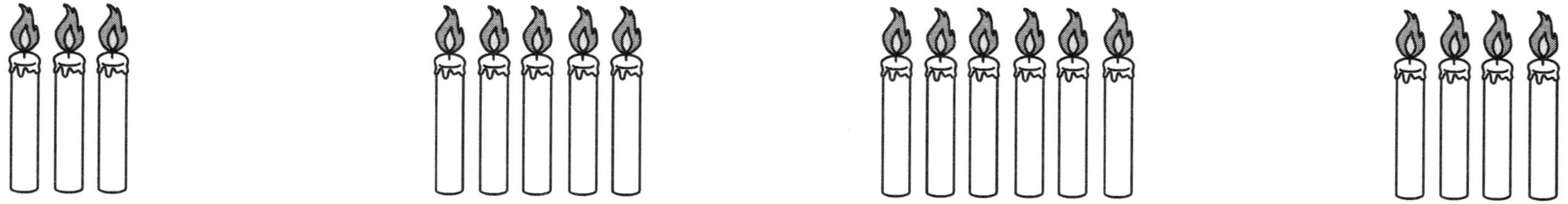

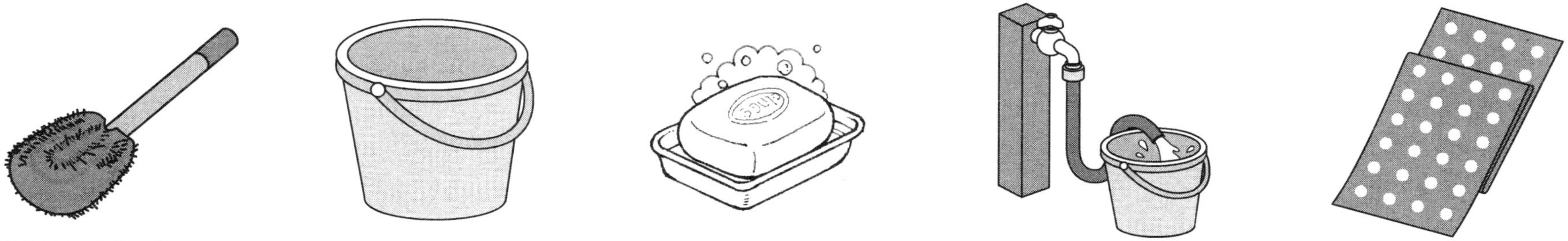

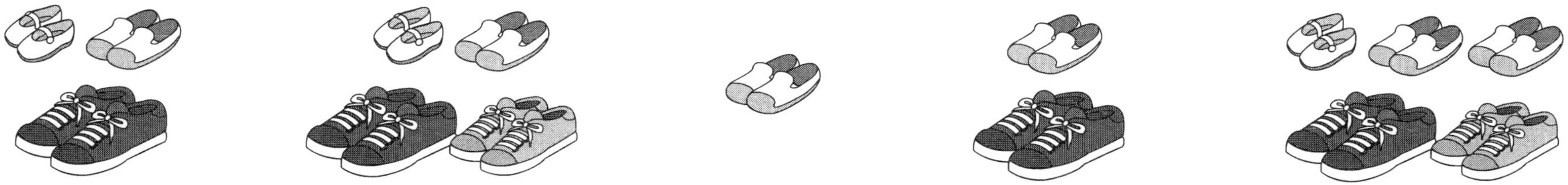

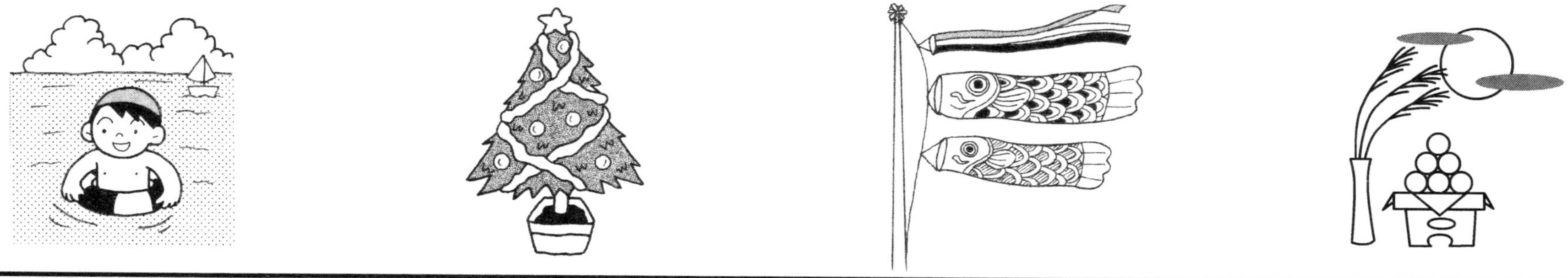

問題13－2

⑤

⑥

⑦

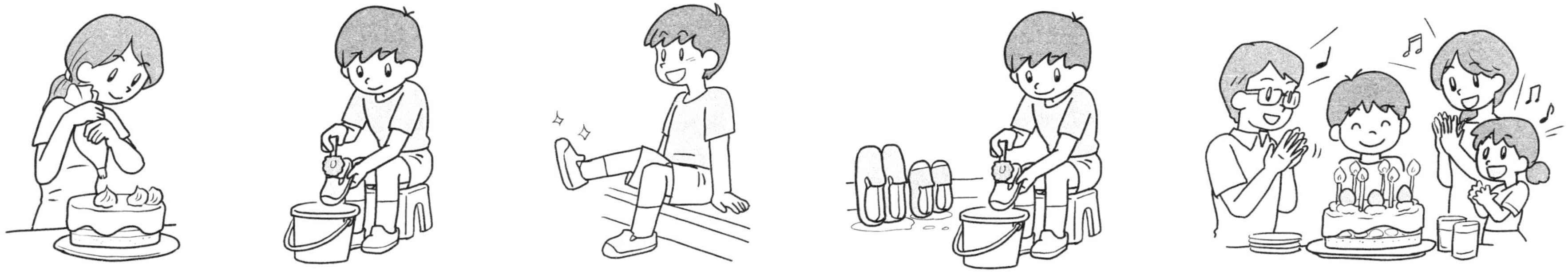

⑧

2024年度　青山学院　過去　無断複製／転載を禁ずる　　　　日本学習図書株式会社

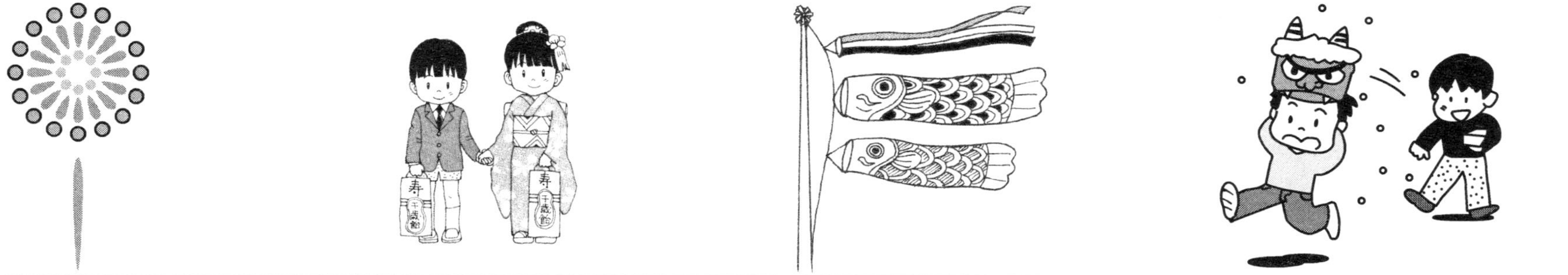

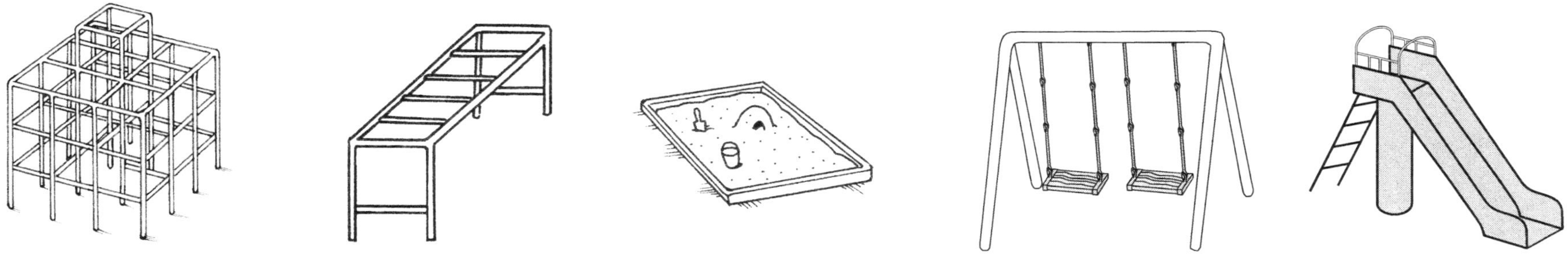

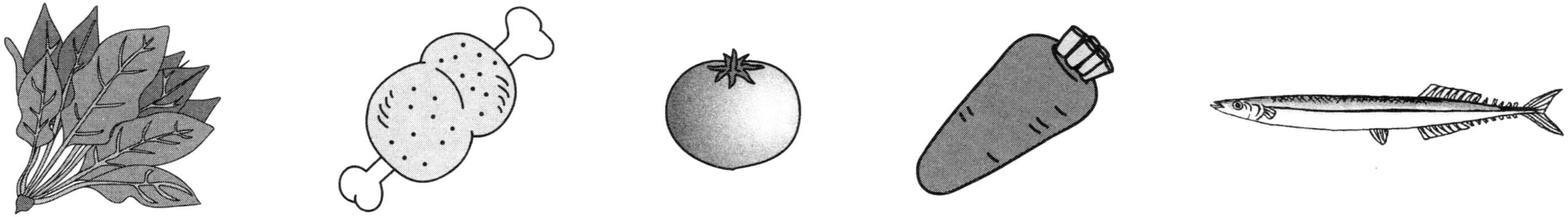

問題14−2

⑤

⑥

⑦

⑧

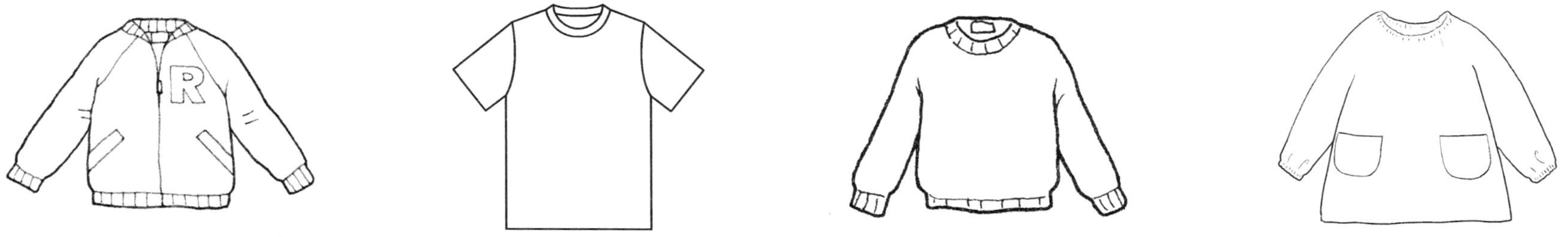

日本学習図書株式会社

問題15－1

問題１５－２

問題 16-1

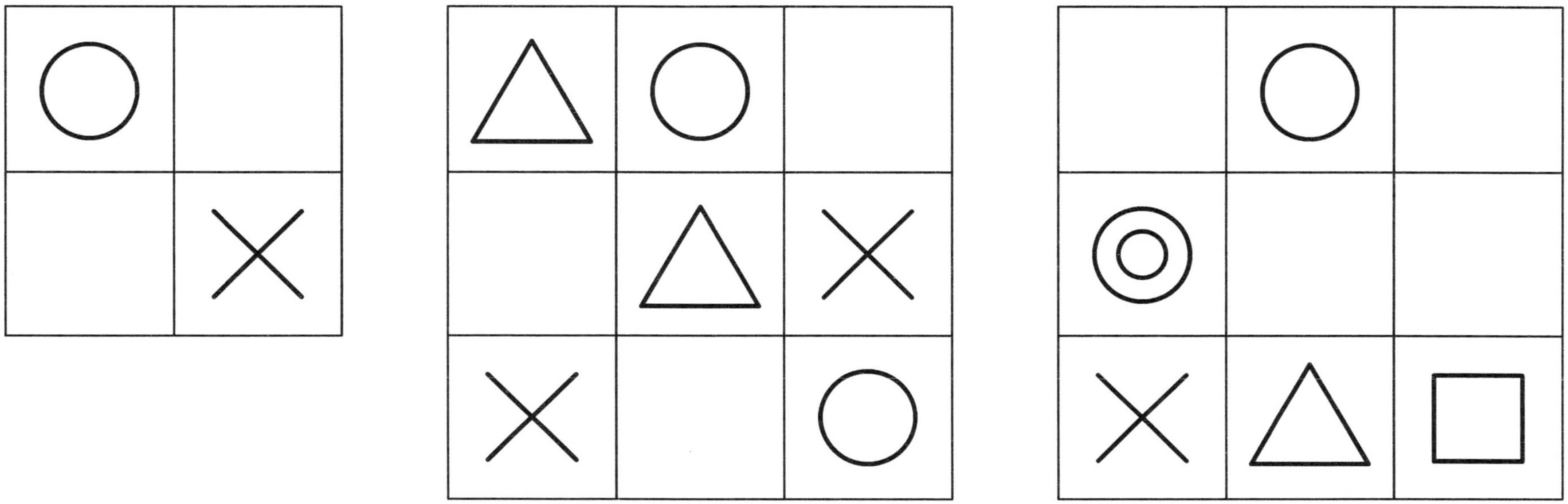

2024 年度　青山学院　過去　無断複製／転載を禁ずる　　　　日本学習図書株式会社

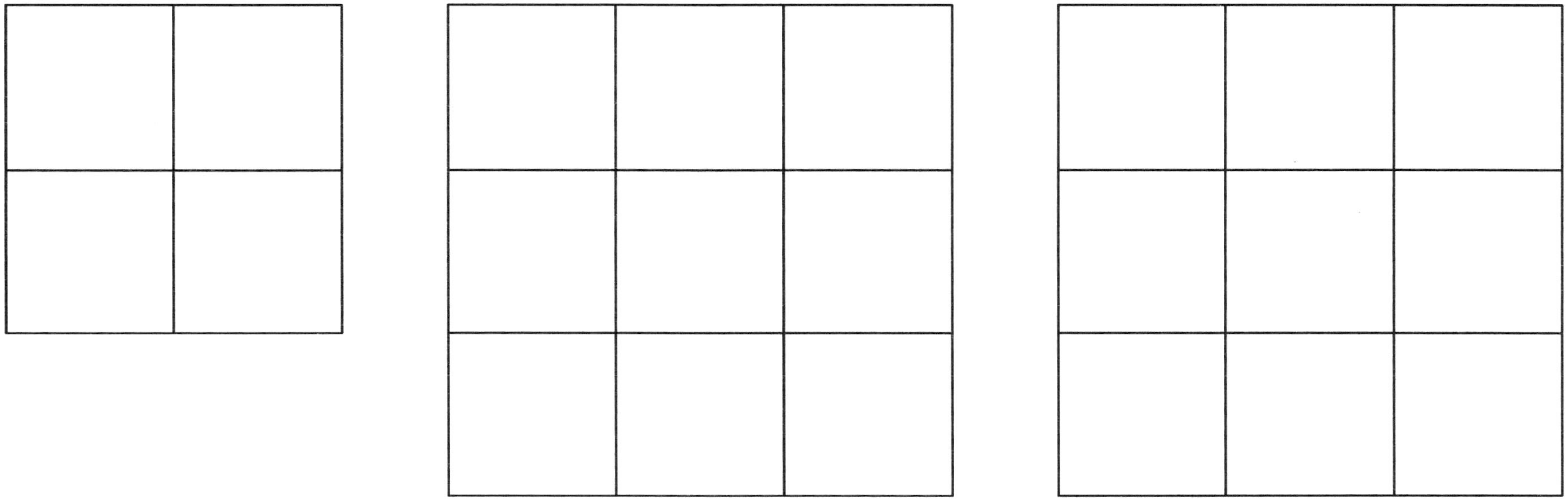

問題17

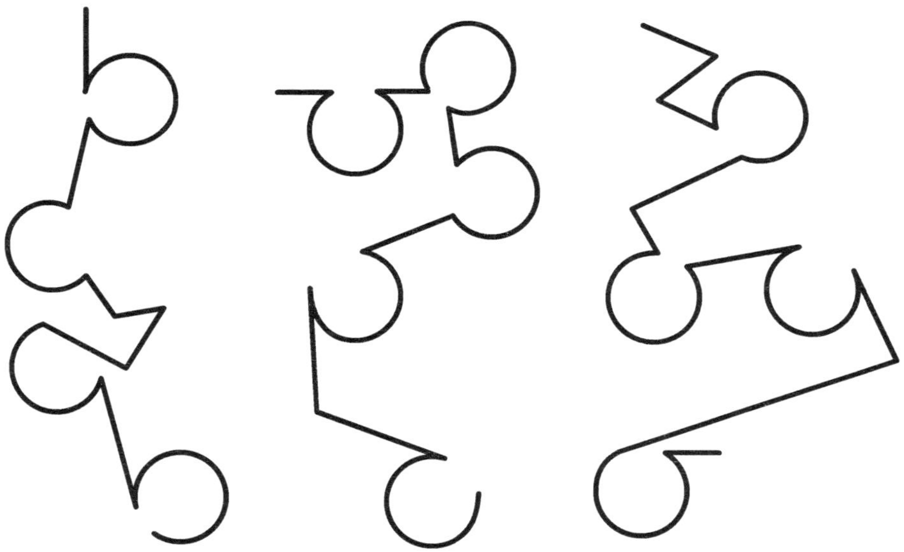

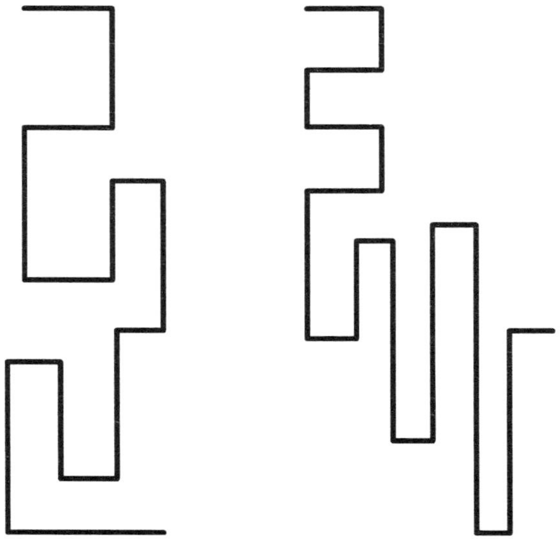

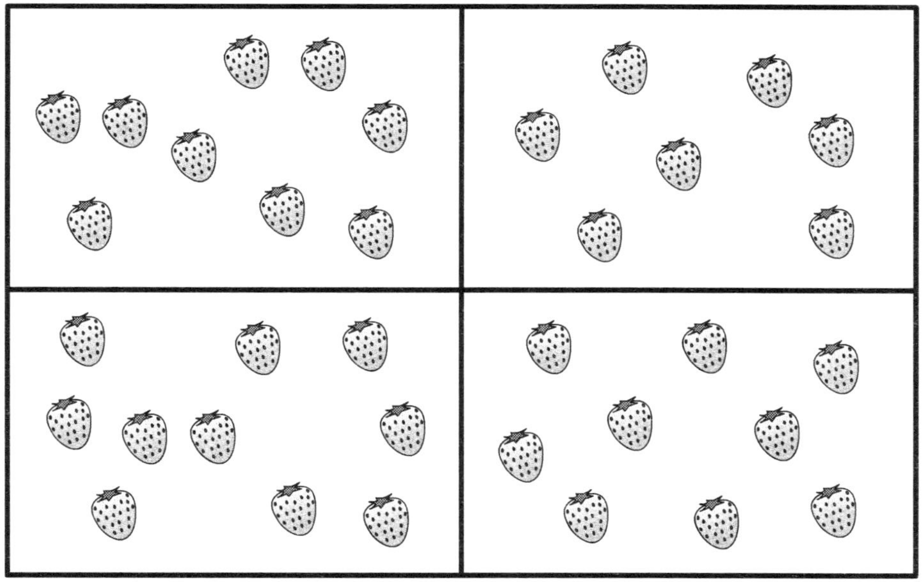

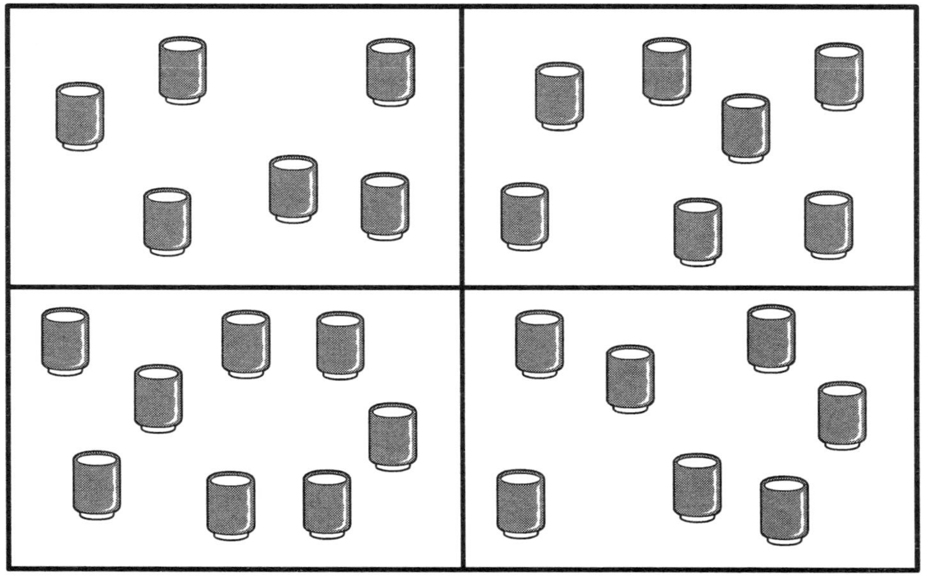

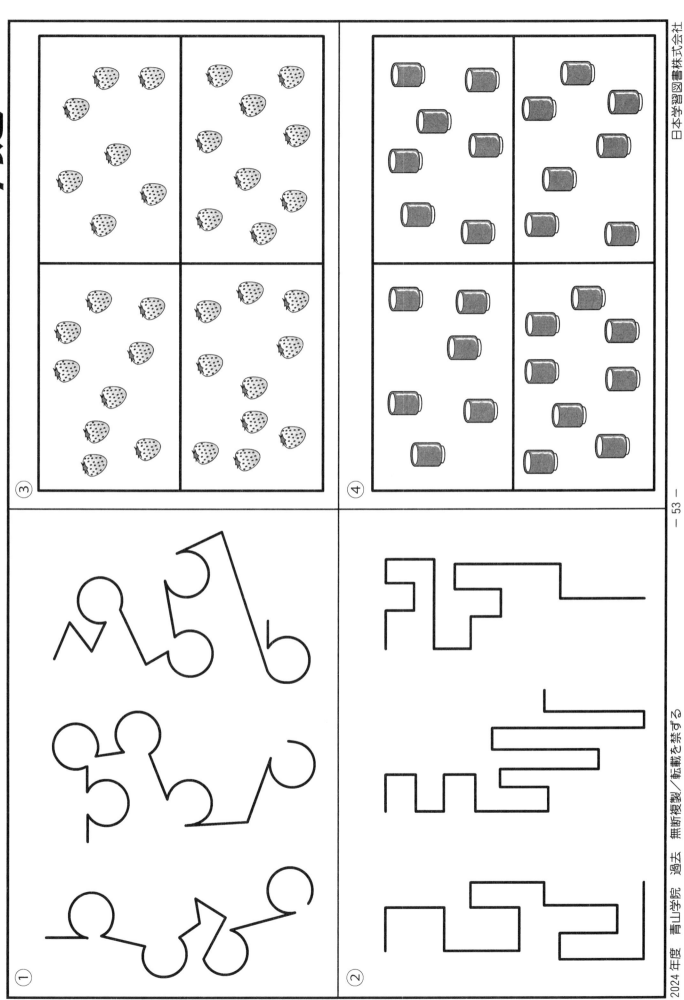

2024年度　青山学院　過去　無断複製／転載を禁ずる　日本学習図書株式会社

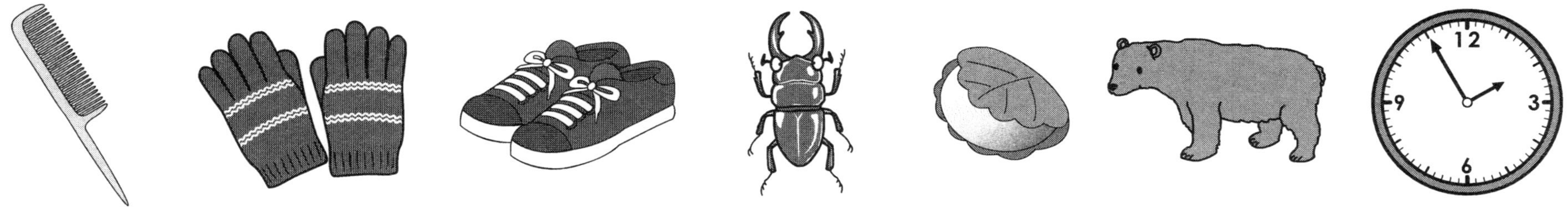

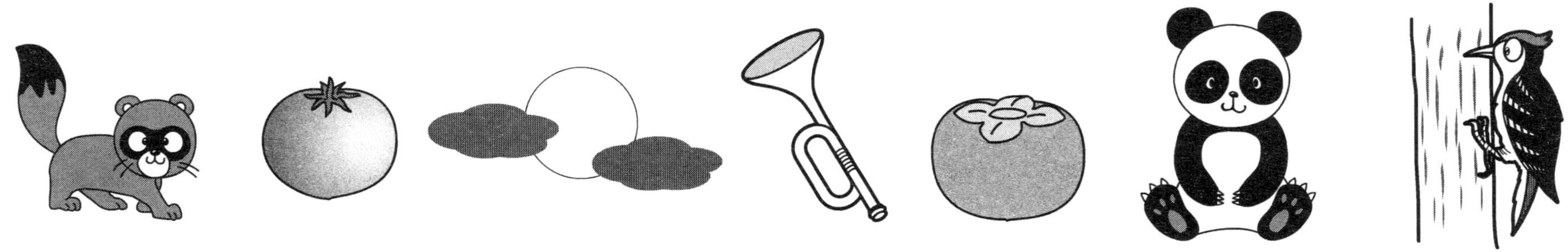

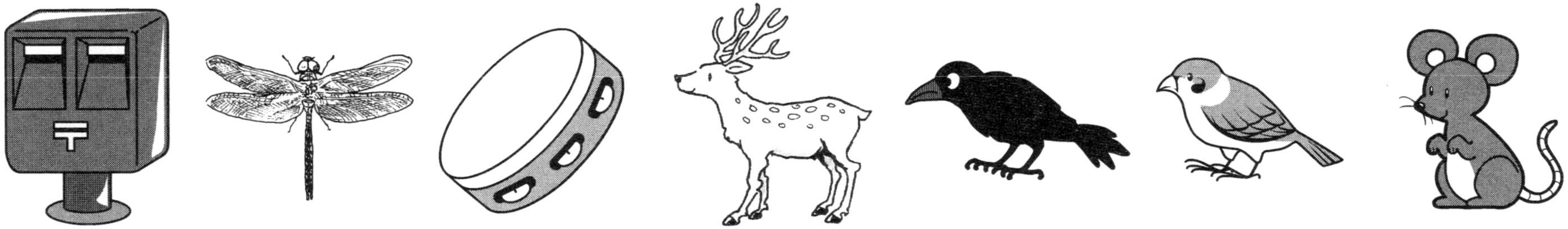

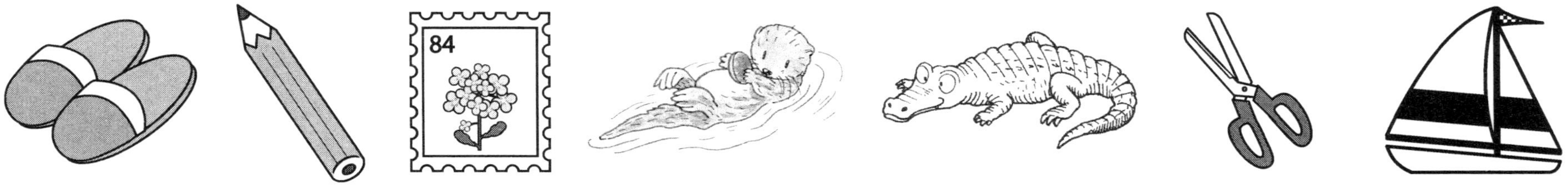

問題１９

①

②

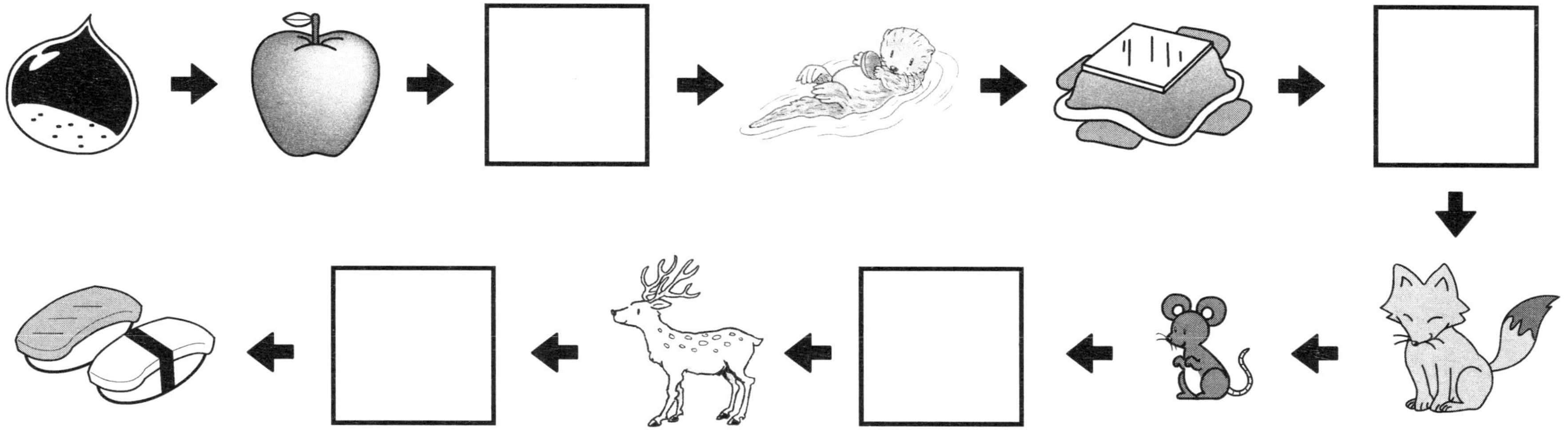

問題２０

①

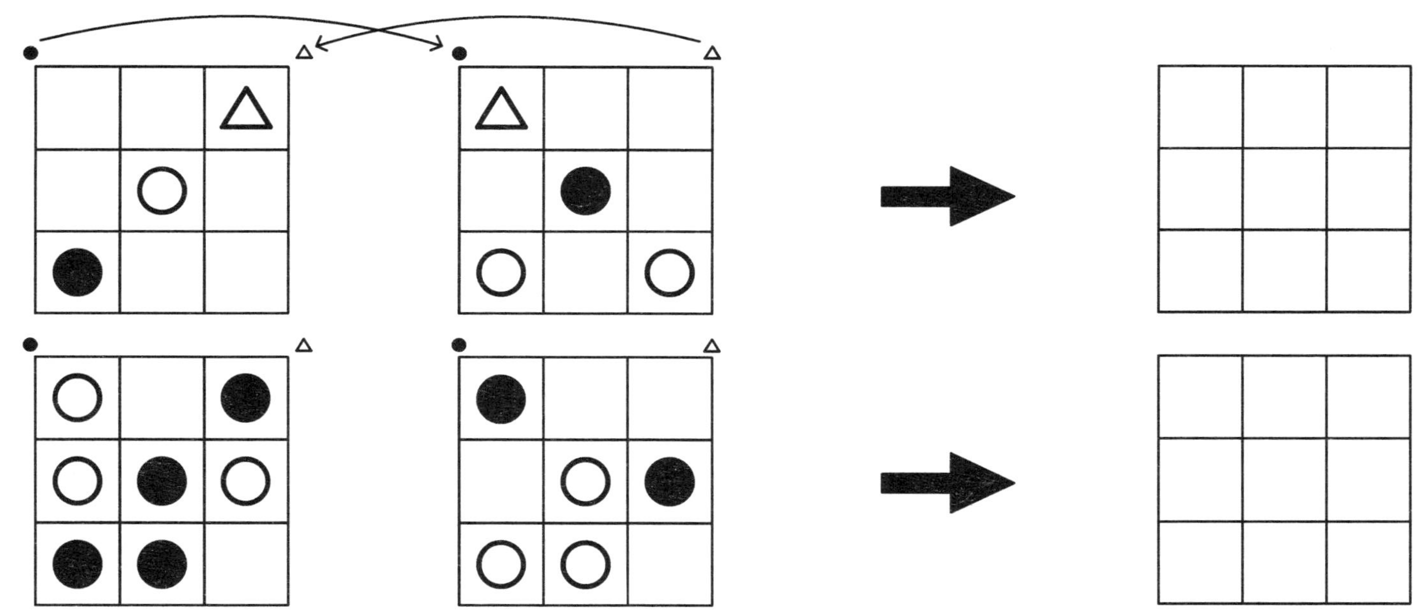

②

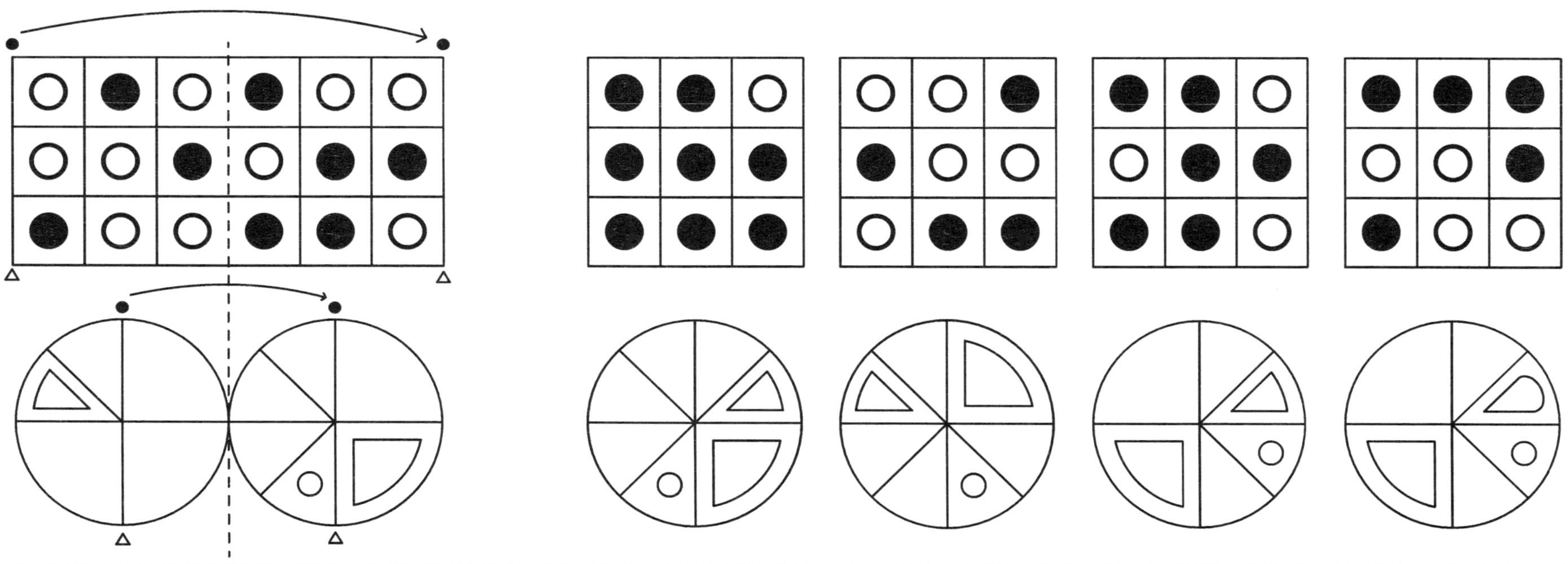

問題２１

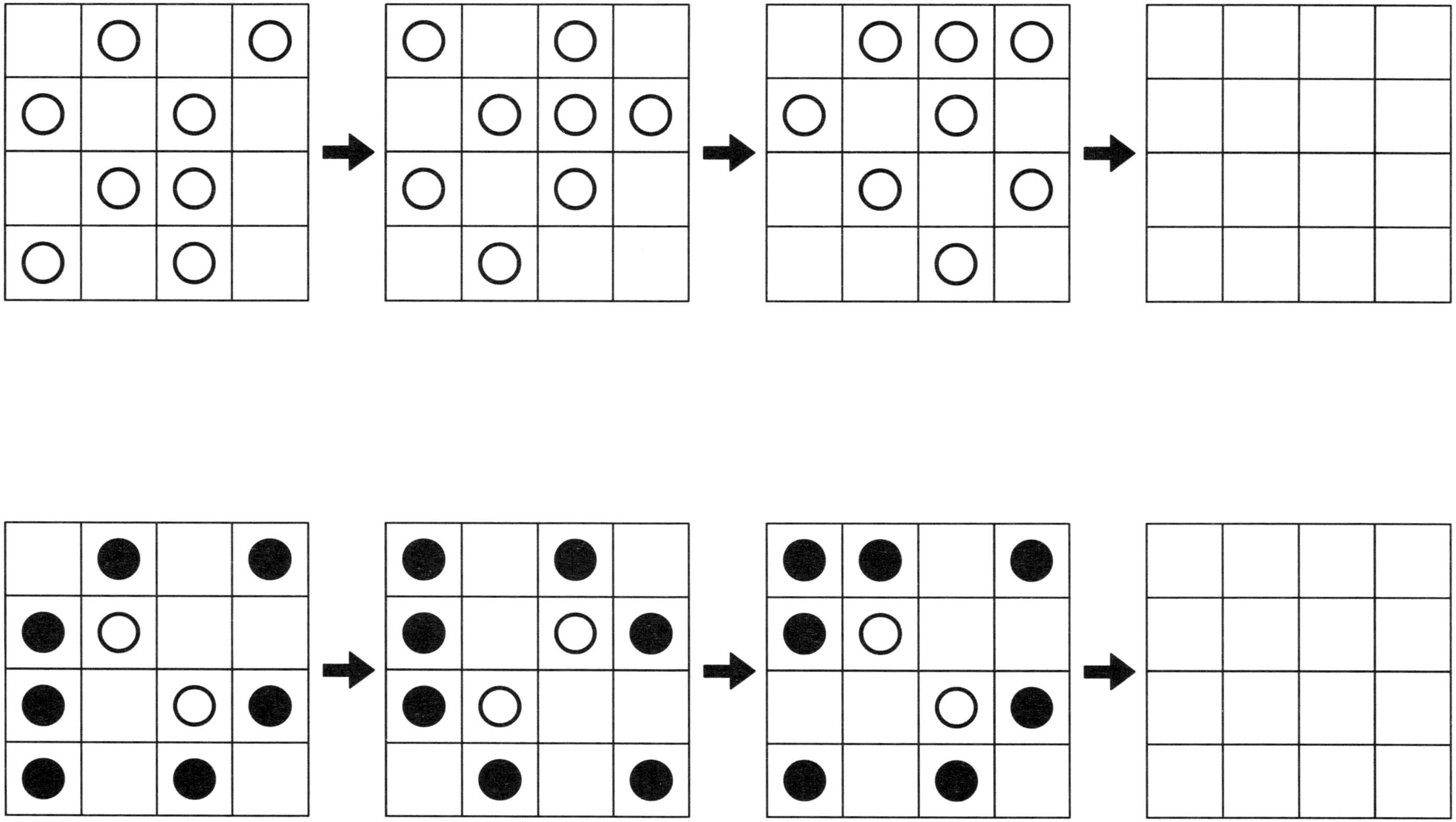

問題２２

①

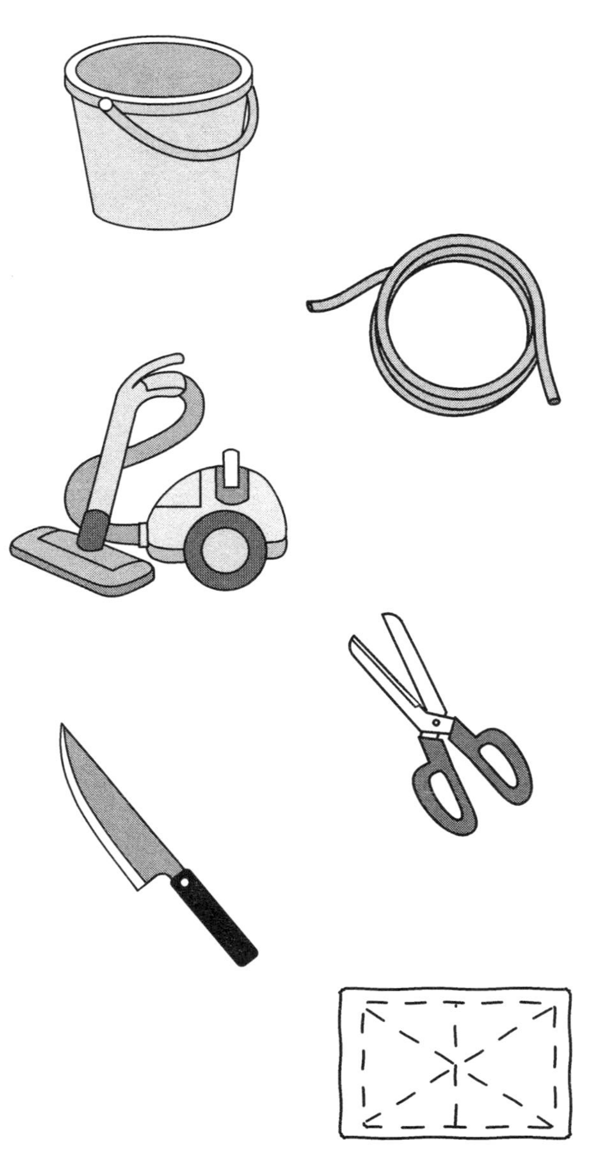

②

③

問題２３

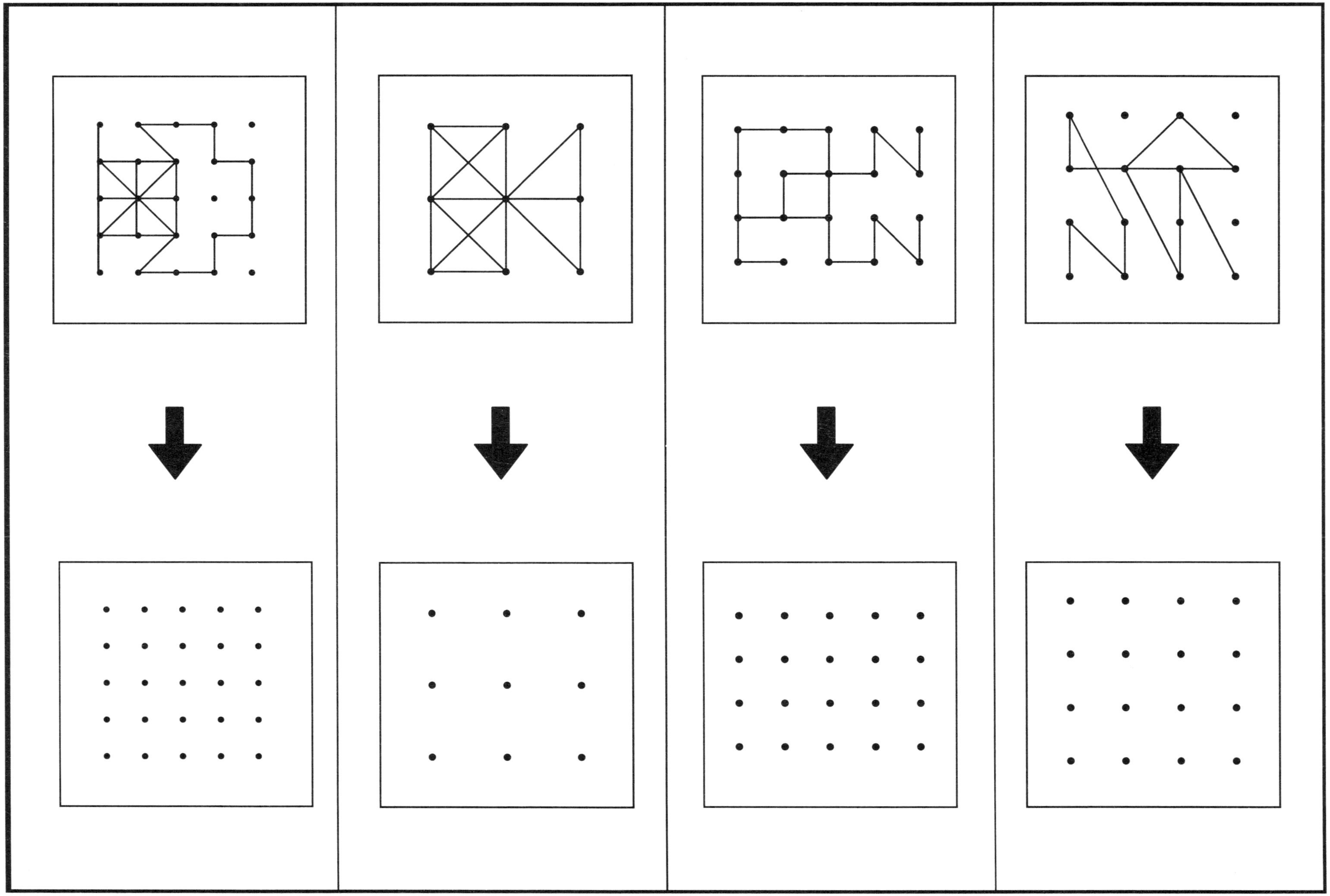

問題２８

①

②

③

④

問題２９－１

◎			△
		×	
×			
	◎	△	

問題29-2

問題３０－１

①

問題３０－２

②

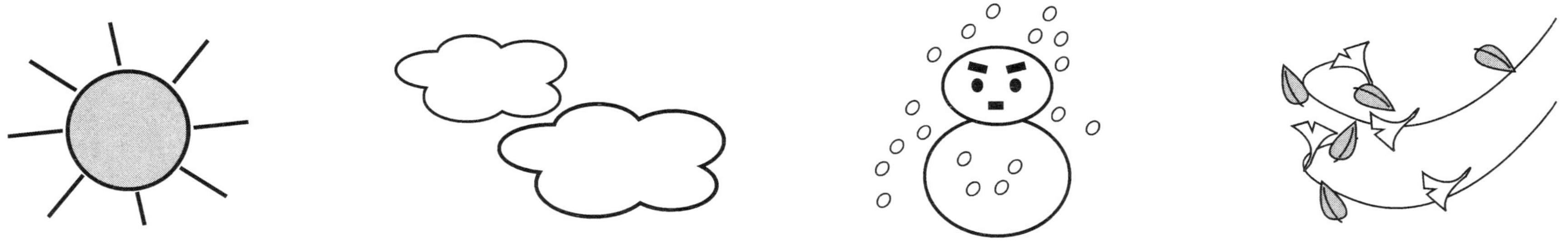

③

④

⑤

問題31

問題３２

問題33

⑤

④

③

②

①

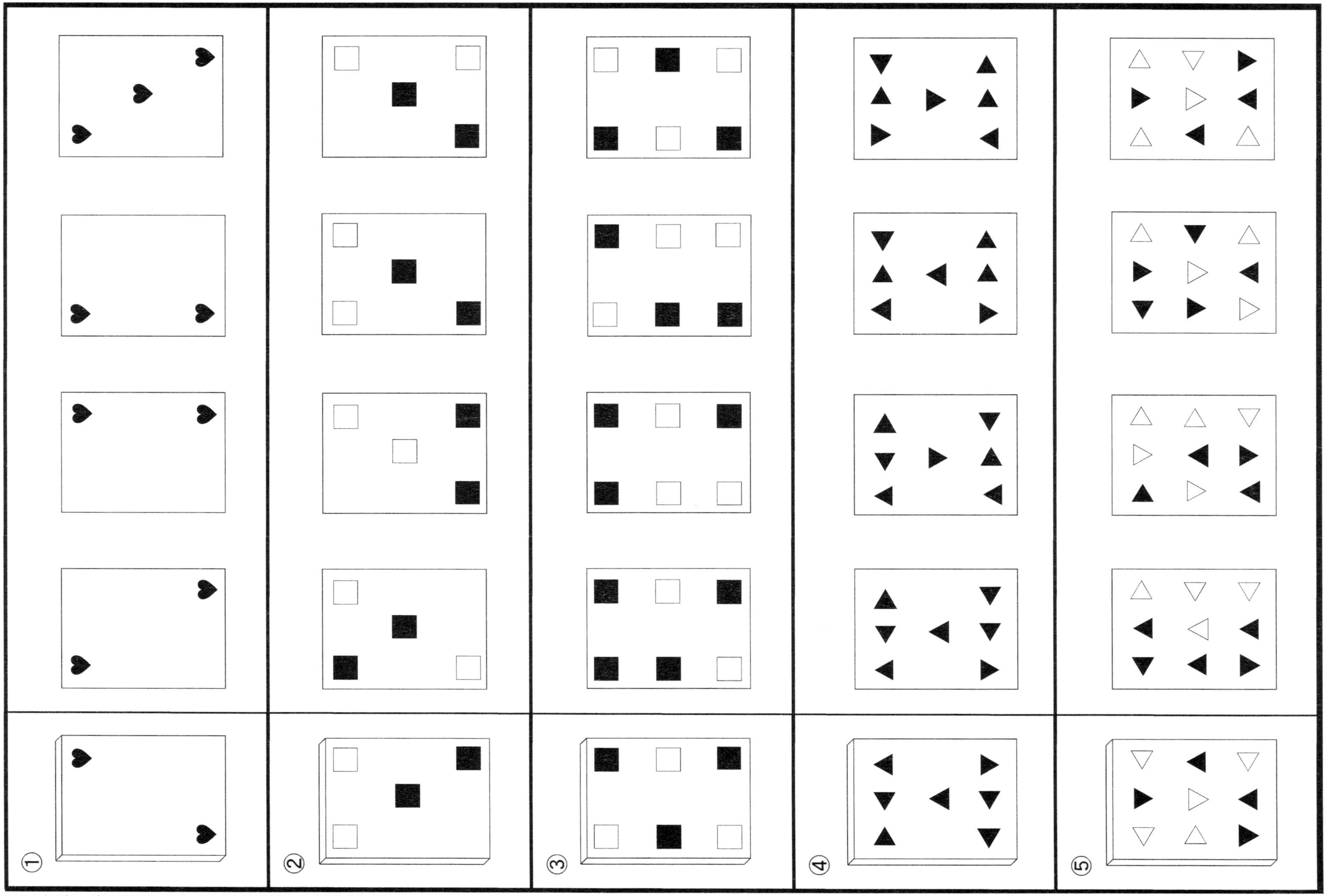

問題３４

①

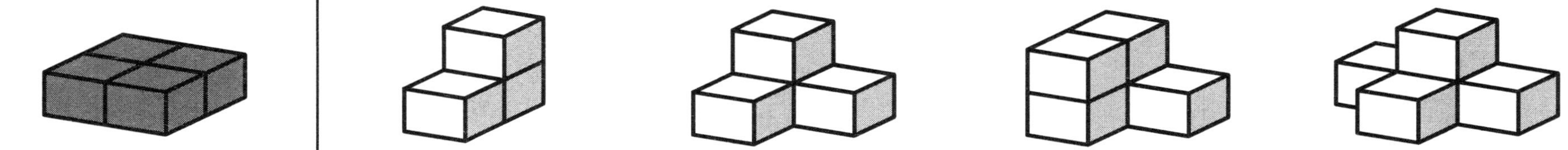

②

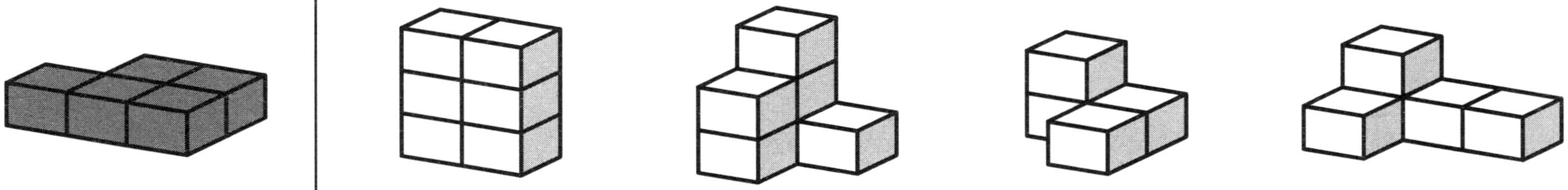

③

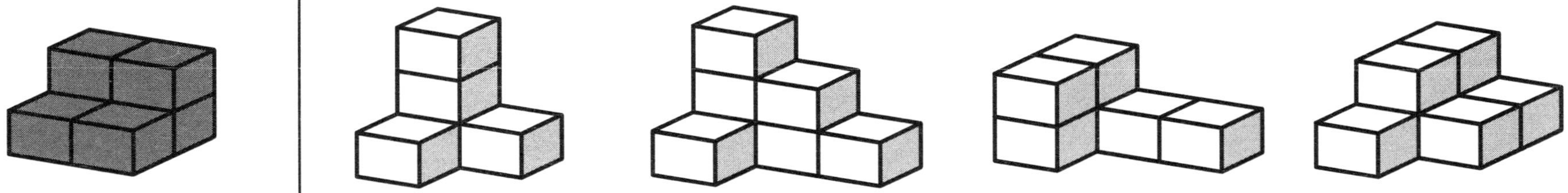

④

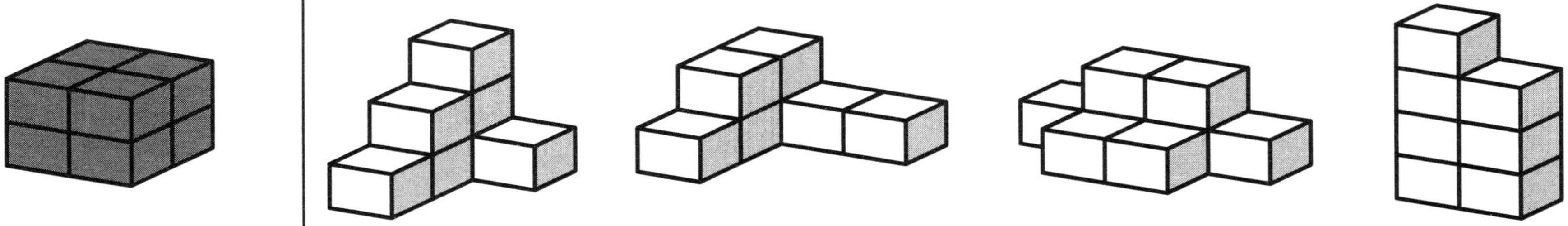

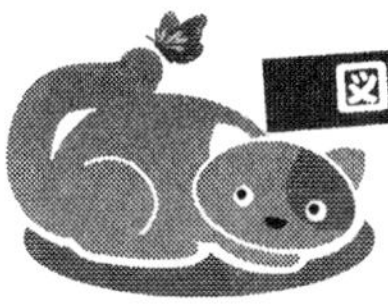

図書カード1000円分プレゼント

ご記入日　令和　　年　　月　　日

☆国・私立小学校受験アンケート☆

※可能な範囲でご記入下さい。選択肢は○で囲んで下さい。

〈小学校名〉＿＿＿＿＿＿＿＿＿＿＿＿＿　〈お子さまの性別〉男・女　〈誕生月〉＿＿月

〈その他の受験校〉（複数回答可）＿＿＿＿＿＿＿＿＿＿＿＿＿＿＿＿＿＿＿＿＿

〈受験日〉①：＿＿月＿＿日　〈時間〉＿＿時＿＿分　～　＿＿時＿＿分

②：＿＿月＿＿日　〈時間〉＿＿時＿＿分　～　＿＿時＿＿分

〈受験者数〉男女計＿＿名（男子＿＿名　女子＿＿名）

〈お子さまの服装〉＿＿＿＿＿＿＿＿＿＿＿＿＿＿＿＿＿＿

〈入試全体の流れ〉（記入例）準備体操→行動観察→ペーパーテスト

＿＿＿＿＿＿＿＿＿＿＿＿＿＿＿＿＿＿＿＿＿＿＿＿＿＿

Eメールによる情報提供

日本学習図書では、Eメールでも入試情報を募集しております。

下記のアドレスに、アンケートの内容をご入力の上、メールをお送り下さい。

ojuken@nichigaku.jp

●行動観察　（例）好きなおもちゃで遊ぶ・グループで協力するゲームなど

〈実施日〉＿＿月＿＿日　〈時間〉＿＿時＿＿分　～　＿＿時＿＿分　〈着替え〉□有　□無

〈出題方法〉□肉声　□録音　□その他（　　　　　　）〈お手本〉□有　□無

〈試験形態〉□個別　□集団（　　　人程度）

〈内容〉

□自由遊び

＿＿＿＿＿＿＿＿＿＿＿＿＿＿＿＿＿＿＿＿＿＿＿＿

□グループ活動

＿＿＿＿＿＿＿＿＿＿＿＿＿＿＿＿＿＿＿＿＿＿＿＿

□その他

＿＿＿＿＿＿＿＿＿＿＿＿＿＿＿＿＿＿＿＿＿＿＿＿

〈会場図〉

●運動テスト（有・無）　（例）跳び箱・チームでの競争など

〈実施日〉＿＿月＿＿日　〈時間〉＿＿時＿＿分　～　＿＿時＿＿分　〈着替え〉□有　□無

〈出題方法〉□肉声　□録音　□その他（　　　　　　）〈お手本〉□有　□無

〈試験形態〉□個別　□集団（　　　人程度）

〈内容〉

□サーキット運動

□走り　□跳び箱　□平均台　□ゴム跳び

□マット運動　□ボール運動　□なわ跳び

□クマ歩き

□グループ活動＿＿＿＿＿＿＿＿＿＿＿＿＿＿＿＿＿＿

□その他＿＿＿＿＿＿＿＿＿＿＿＿＿＿＿＿＿＿＿＿

〈会場図〉

●知能テスト・口頭試問

〈実施日〉 ____月____日 〈時間〉 ____時____分 ～ ____時____分 〈お手本〉□有 □無

〈出題方法〉 □肉声 □録音 □その他（　　　　　　） 〈問題数〉 ____枚 ____問

分野	方法	内　容	詳細・イラスト
（例） お話の記憶	☑筆記 □口頭	動物たちが待ち合わせをする話	（あらすじ） 動物たちが待ち合わせをした。最初にウサギさんが来た。次にイヌくんが、その次にネコさんが来た。最後にタヌキくんが来た。 （問題・イラスト）  ３番目に来た動物は誰か
お話の記憶	□筆記 □口頭		（あらすじ） （問題・イラスト）
図形	□筆記 □口頭		
言語	□筆記 □口頭		
常識	□筆記 □口頭		
数量	□筆記 □口頭		
推理	□筆記 □口頭		
その他	□筆記 □口頭		

●制作　（例）ぬり絵・お絵かき・工作遊びなど

〈実施日〉＿＿月＿＿日〈時間〉＿＿時＿＿分～＿＿時＿＿分

〈出題方法〉□肉声 □録音 □その他（　　　　　　）〈お手本〉□有 □無

〈試験形態〉□個別 □集団（　　　　人程度）

材料・道具	制作内容
□ハサミ □のり（□つぼ □液体 □スティック） □セロハンテープ □鉛筆 □クレヨン（　色） □クーピーペン（　色） □サインペン（　色）□ □画用紙（□ A4 □ B4 □ A3 □その他：　　　　　） □折り紙 □新聞紙 □粘土 □その他（　　　　　　）	□切る □貼る □塗る □ちぎる □結ぶ □描く □その他（　　　　　　） タイトル：＿＿＿＿＿＿＿＿＿＿

●面接

〈実施日〉＿＿月＿＿日〈時間〉＿＿時＿＿分～＿＿時＿＿分〈面接担当者〉＿＿＿名

〈試験形態〉□志願者のみ（　　）名 □保護者のみ □親子同時 □親子別々

〈質問内容〉

□志望動機　□お子さまの様子

□家庭の教育方針

□志望校についての知識・理解

□その他（　　　　　　　　　　　　　　）

（　詳　細　）

・

・

・

・

※試験会場の様子をご記入下さい。

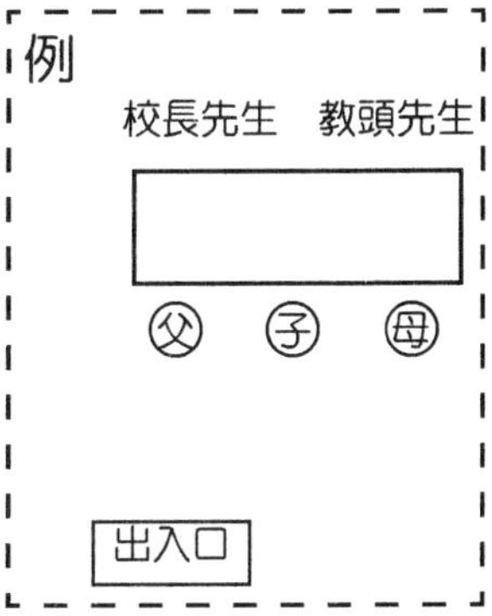

●保護者作文・アンケートの提出（有・無）

〈提出日〉□面接直前　□出願時　□志願者考査中　□その他（　　　　　　　　）

〈下書き〉□有　□無

〈アンケート内容〉

（記入例）当校を志望した理由はなんですか（150 字）

●**説明会（□有　□無）〈開催日〉　月　日〈時間〉　時　分　～　時　分**

〈上履き〉　□要　□不要　〈願書配布〉　□有　□無　〈校舎見学〉　□有　□無

〈ご感想〉

●参加された学校行事（複数回答可）

公開授業〈開催日〉　月　日〈時間〉　時　分　～　時　分

運動会など〈開催日〉　月　日〈時間〉　時　分　～　時　分

学習発表会・音楽会など〈開催日〉　月　日〈時間〉　時　分　～　時　分

〈ご感想〉

※是非参加したほうがよいと感じた行事について

●受験を終えてのご感想、今後受験される方へのアドバイス

※対策学習（重点的に学習しておいた方がよい分野）、当日準備しておいたほうがよい物など

＊＊＊＊＊＊＊＊＊＊＊＊　ご記入ありがとうございました　＊＊＊＊＊＊＊＊＊＊＊＊

必要事項をご記入の上、ポストにご投函ください。

なお、本アンケートの送付期限は入試終了後３ヶ月とさせていただきます。また、入試に関する情報の記入量が当社の基準に満たない場合、謝礼の送付ができないことがございます。あらかじめご了承ください。

ご住所：〒

お名前：　　　　メール：

ＴＥＬ：　　　　ＦＡＸ：

アンケートのご記入
ありがとうございました

ご記入頂いた個人に関する情報は、当社にて厳重に管理致します。弊社の個人情報取り扱いに関する詳細は、www.nichigaku.jp/policy.php の「個人情報の取り扱い」をご覧下さい。

分野別 小学入試練習帳 ジュニアウォッチャー

1．点・線図形	小学校入試で出題頻度の高い『点・線図形』の模写を、難易度の低いものから段階別に幅広く練習することができるように構成。
2．座標	図形の位置模写という作業を、難易度の低いものから段階別に練習できるように構成。
3．パズル	様々なパズルの問題を難易度の低いものから段階別に練習できるように構成。
4．同図形探し	小学校入試で出題頻度の高い、同図形選びの問題を繰り返し練習できるように構成。
5．回転・展開	図形などを回転、または展開したとき、形がどのように変化するかを学習し、理解を深められるように構成。
6．系列	数、図形などの様々な系列問題を、難易度の低いものから段階別に練習できるように構成。
7．迷路	迷路の問題を繰り返し練習できるように構成。
8．対称	対称に関する問題を４つのテーマに分類し、各テーマごとに問題を段階別に練習できるように構成。
9．合成	図形の合成に関する問題を、難易度の低いものから段階別に練習できるように構成。
10．四方からの観察	もの（立体）を様々な角度から見て、どのように見えるかを推理する問題を段階別に整理し、１つの形式で複数の問題を練習できるように構成。
11．いろいろな仲間	ものや動物、植物の共通点を見つけ、分類していく問題を中心に構成。
12．日常生活	日常生活における様々な問題を６つのテーマに分類し、各テーマごとに一つの問題形式で複数の問題を練習できるように構成。
13．時間の流れ	『時間』に着目し、様々なものごとは、時間が経過するとどのように変化するのかということを学習し、理解できるように構成。
14．数える	様々なものを『数える』ことから、数の多少の判定やかけ算、わり算の基礎までを練習できるように構成。
15．比較	比較に関する問題を５つのテーマ（数、高さ、長さ、量、重さ）に分類し、各テーマごとに問題を段階別に練習できるように構成。
16．積み木	数える対象を積み木に限定した問題集。
17．言葉の音遊び	言葉の音に関する問題を５つのテーマに分類し、各テーマごとに問題を段階別に練習できるように構成。
18．いろいろな言葉	表現力をより豊かにするいろいろな言葉として、擬態語や擬声語、同音異義語、反意語、数詞を取り上げた問題集。
19．お話の記憶	お話を聴いてその内容を記憶、理解し、設問に答える形式の問題集。
20．見る記憶・聴く記憶	「見て憶える」「聴いて憶える」という『記憶』分野に特化した問題集。
21．お話作り	いくつかの絵を元にしてお話を作る練習をして、想像力を養うことができるように構成。
22．想像画	描かれてある形や景色に好きな絵を描くことにより、想像力を養うことができるように構成。
23．切る・貼る・塗る	小学校入試で出題頻度の高い、はさみやのりなどを用いた巧緻性の問題を繰り返し練習できるように構成。
24・絵画	小学校入試で出題頻度の高い、お絵かきやぬり絵などクレヨンやクーピーペンを用いた巧緻性の問題を繰り返し練習できるように構成。
25．生活巧緻性	小学校入試で出題頻度の高い日常生活の様々な場面における巧緻性の問題集。
26．文字・数字	ひらがなの清音、濁音、拗音、拗長音、促音と１～20までの数字に焦点を絞り、練習できるように構成。
27．理科	小学校入試で出題頻度が高くなりつつある理科の問題を集めた問題集。
28．運動	出題頻度の高い運動問題を種目別に分けて構成。
29．行動観察	項目ごとに問題提起をし、「このような時はどうか、あるいはどう対処するのか」の観点から問いかける形式の問題集。
30．生活習慣	学校から家庭に提起された問題と思って、一問一問絵を見ながら話し合い、考える形式の問題集。

31．推理思考	数、量、言語、常識（含理科、一般）など、諸々のジャンルから問題を構成し、近年の小学校入試問題傾向に沿って構成。
32．ブラックボックス	箱や筒の中を通ると、どのようなお約束でどのように変化するかを推理・思考する問題集。
33．シーソー	重さの違うものをシーソーに乗せた時どちらに傾くのか、またどうすればシーソーは釣り合うのかを思考する基礎的な問題集。
34．季節	様々な行事や植物などを季節別に分類できるように知識をつける問題集。
35．重ね図形	小学校入試で頻繁に出題されている「図形を重ね合わせてできる形」についての問題を集めました。
36．同数発見	様々な物を数え「同じ数」を発見し、数の多少の判断や数の認識の基礎を学べるように構成した問題集。
37．選んで数える	数の学習の基本となる、いろいろなものの数を正しく数える学習を行う問題集。
38．たし算・ひき算１	数字を使わず、たし算とひき算の基礎を身につけるための問題集。
39．たし算・ひき算２	数字を使わず、たし算とひき算の基礎を身につけるための問題集。
40．数を分ける	数を等しく分ける問題です。等しく分けたときに余りが出るものもあります。
41．数の構成	ある数がどのような数で構成されているか学んでいきます。
42．一対多の対応	一対一の対応から、一対多の対応まで、かけ算の考え方の基礎学習を行います。
43．数のやりとり	あげたり、もらったり、数の変化をしっかりと学びます。
44．見えない数	指定された条件から数を導き出します。
45．図形分割	図形の分割に関する問題集。パズルや合成の分野にも通じる様々な問題を集めました。
46．回転図形	「回転図形」に関する問題集。やさしい問題から始め、いくつかの代表的なパターンから、段階を踏んで学習できるよう編集されています。
47．座標の移動	「マス目の指示通りに移動する問題」と「指示された数だけ移動する問題」を収録。
48．鏡図形	鏡で左右反転させた時の見え方を考えます。平面図形から立体図形、文字、絵まで。
49．しりとり	すべての学習の基礎となる「言葉」を学ぶこと、特に「語彙」を増やすことに重点をおき、さまざまなタイプの「しりとり」問題を集めました。
50．観覧車	観覧車やメリーゴーラウンドなどを舞台にした「回転系列」の問題集。「推理思考」分野の問題ですが、要素として「図形」や「数量」も含みます。
51．運筆①	鉛筆の持ち方を学び、点線なぞり、お手本を見ながらの模写で、線を引く練習をします。
52．運筆②	運筆①からさらに発展し、「欠所補完」や「迷路」などを楽しみながら、より複雑な鉛筆運びを習得することを目指します。
53．四方からの観察 積み木編	積み木を使用した「四方からの観察」に関する問題を練習できるように構成。
54．図形の構成	見本の図形がどのような部分によって形づくられているかを考えます。
55．理科②	理科的知識に関する問題を集中して練習する「常識」分野の問題集。
56．マナーとルール	道路や駅、公共の場でのマナー、安全や衛生に関する常識を学べるように構成。
57．置き換え	さまざまな具体的・抽象的事象を記号で表す「置き換え」の問題を扱います。
58．比較②	長さ・高さ・体積・数などを数学的な知識を使わず、論理的に推測する「比較」の問題を練習できるように構成。
59．欠所補完	線と線のつながり、欠けた絵に当てはまるものなどを求める「欠所補完」に取り組める問題集です。
60．言葉の音（おん）	しりとり、決まった順番の音をつなげるなど、「言葉の音」に関する問題に取り組める練習問題集です。

青山学院初等部　専用注文書

年　　月　　日

合格のための問題集ベスト・セレクション

＊入試頻出分野ベスト３

1st　行動観察　協　調　聞く力

2nd　図　形　考える力　観察力

3rd　記　憶　聞く力　集中力

当校の入試は、適性検査Ａが約１時間、適性検査Ｂが約３時間という長時間にわたるものです。学力だけでなく、集中力、協調性などの精神的なものも試されます。

分野	書　名	価格(税込)	注文	分野	書　名	価格(税込)	注文
図形	Ｊｒ・ウォッチャー１「点・線図形」	1,650円	冊	図形	Ｊｒ・ウォッチャー48「鏡図形」	1,650円	冊
図形	Ｊｒ・ウォッチャー２「座標」	1,650円	冊	図形	Ｊｒ・ウォッチャー53「四方からの観察 積み木編」	1,650円	冊
図形	Ｊｒ・ウォッチャー４「同図形探し」	1,650円	冊	常識	Ｊｒ・ウォッチャー56「マナーとルール」	1,650円	冊
図形	Ｊｒ・ウォッチャー５「回転・転回」	1,650円	冊	推理	Ｊｒ・ウォッチャー57「置き換え」	1,650円	冊
図形	Ｊｒ・ウォッチャー８「対称」	1,650円	冊	言語	Ｊｒ・ウォッチャー60「言葉の音（おん）」	1,650円	冊
常識	Ｊｒ・ウォッチャー12「日常生活」	1,650円	冊		実践ゆびさきトレーニング①～③	2,750円	各　冊
数量	Ｊｒ・ウォッチャー16「積み木」	1,650円	冊		新小学校受験の入試面接Ｑ＆Ａ	2,860円	冊
言語	Ｊｒ・ウォッチャー17「言葉の音遊び」	1,650円	冊		家庭で行う 面接テスト問題集	2.200円	冊
言語	Ｊｒ・ウォッチャー18「いろいろな言葉」	1,650円	冊		保護者のための 面接最強マニュアル	2.200円	冊
巧緻性	Ｊｒ・ウォッチャー23「切る・貼る・塗る」	1,650円	冊		新口頭試問・個別テスト問題集	2,750円	冊
観察	Ｊｒ・ウォッチャー28「運動」	1,650円	冊		新ノンペーパーテスト問題集	2,860円	冊
観察	ｒ・ウォッチャー29「行動観察」	1,650円	冊		１話５分の読み聞かせお話集①・②	1,980円	各　冊
推理	Ｊｒ・ウォッチャー31「推理思考」	1,650円	冊		お話の記憶問題集 中級編・上級編	2,200円	各　冊

合計	冊	円

（フリガナ） 氏　名	電　話 ＦＡＸ E-mail
住 所　〒　　　　－	以前にご注文されたことはございますか。 有　・　無

★お近くの書店、または記載の電話・FAX・ホームページにてご注文をお受けしております。
電話：03-5261-8951　FAX：03-5261-8953　代金は書籍合計金額＋送料がかかります。
※なお、落丁・乱丁以外の理由による商品の返品・交換には応じかねます。

★ご記入頂いた個人に関する情報は、当社にて厳重に管理致します。なお、ご購入の商品発送の他に、当社発行の書籍案内、書籍に関する調査に使用させて頂く場合がございますので、予めご了承ください。

日本学習図書株式会社
http://www.nichigaku.jp